三毛：浪漫是一种病

月下 著

江苏凤凰文艺出版社
JIANGSU PHOENIX LITERATURE AND ART PUBLISHING, LTD

图书在版编目（CIP）数据

三毛：浪漫是一种病 / 月下著. — 南京：江苏凤凰文艺出版社，2017.4
ISBN 978-7-5399-8464-3

Ⅰ. ①三… Ⅱ. ①月… Ⅲ. ①三毛（1943-1991）—传记 Ⅳ. ①K825.6

中国版本图书馆 CIP 数据核字(2017)第 037172 号

书　　名	三毛：浪漫是一种病
著　　者	月　下
策　　划	黄孝阳
责任编辑	汪　旭　王宏波
出版发行	凤凰出版传媒股份有限公司 江苏凤凰文艺出版社
出版社地址	南京市中央路 165 号，邮编：210009
出版社网址	http://www.jswenyi.com
经　　销	凤凰出版传媒股份有限公司
印　　刷	南京新华泰实业有限责任公司印刷厂
开　　本	880×1230 毫米　1/32
印　　张	7
字　　数	170 千字
版　　次	2017 年 4 月第 1 版　2017 年 4 月第 1 次印刷
标准书号	ISBN　978-7-5399-8464-3
定　　价	36.00 元

序：到底谁在表演？

读三毛，也是十多年前的事了，一口气读完她的《撒哈拉的故事》，精彩、刺激，仿佛在遥远的异域走了一遭，原来炎热干燥、黄沙漫天的境地也可风情万种、绮丽多姿。三毛这个敏感且脆弱的女子，身穿阔大麻布白袍，在风里行走，若即若离，飘飘兮若流风之回雪，流露出古典美的轻盈和浪漫；然而黑发中分，眉目深沉，颈上的石头饰品，又有一种吉普赛式的狂野和神秘。

她把自己浓浓地融合在撒哈拉沙漠奇异的景象之中，无限放大了自己作为个体存在的形象。三毛曾对大姐说，“姐姐，我活一世比你活十世还多。你不敢真实地面对自己，活在别人期望的角色里；我不是，我要做我自己，不在乎别人怎么看。”她性格太强烈，绝不按世俗成规走她的人生。

她不喜欢像普通人一样，被困在被称为“家”的格子般大小的城市中央，她要走出画地而成的牢，给自己的生命一些陌生和新奇的体验，经历不同的生活，把有限生命填充得满满的，以增加生命的密度，别人活一次，她却活了很多次。这个轮回，值了。

她用48年的生命走过54个国家，恰同最后一本《万水千山走遍》，走遍之后呢?

这原本是让众多人羡慕的事情，看花怎么开，看水怎么流，看形形色色的人又怎么处理各自的喜怒哀乐。有人说，失恋之后可以出去走走，开阔一下眼界，体验一下更广阔的世界，就会忘了心痛——那是对性情本身开放的人来说的，而三毛，她的执著让她走不出情感的沼泽。

她说，“我的一生，到处都走遍了，内地也去过了，该做的事都做过了，我已没有什么路好走了。我觉得好累。”

荷西死后，她的路上缺了一个同行的人，内心从此寂寞而绝望。她是一个对感情需要强烈的女人，三毛不同于张爱玲，张是自给自足的，而三毛是为爱而生，她不会把写作当成理想，不过是随手玩玩，写作只是生活里的一种小情趣，她更关注的是实在的生活和爱情，而不是虚妄的理想，她是简单的单纯的女子，像《第七封印》里的约瑟夫和米克，在简单的生活里自有他们简单的快乐。不像布洛克，追问理想和现实的关系，自己折磨自己。跟荷西在一起的日子，生活中最细琐的事情也能让她感觉到甜蜜的快乐，所以当爱人离去时，她就失去了支撑生命的力量，一个人在寂寂的流年里挣扎，最终选择了自杀。

有一次，三毛给荷西解释中国人常说的“另一半”，荷西说，我是我自己。她犹豫着想，我也是我自己，完整的一个人。她的犹豫见出她还是传统女性，婚姻、家庭才是她的全部，她喜欢流浪，但她的心必须有一个安稳的可栖息的地方。

关于三毛的自杀，其好友杏子林以“友直”的出发点批评她不该自杀，“她使自己的父母伤心！”我一直在想，爱她，便让她自由。很多人责怪自杀这种行为会给亲人带来伤痛，其实这种责怪是自私的，他们的伤心不是为死者，而是为自己失去那段情感后的空白心痛，这种爱是占有性的，是利己的。如果她开心活着，就让她活着；如果死才能让她解脱，就让她安静地离去。你可以想：现在好了，她终于摆脱了她的不喜欢，去了想去的地方。

这个世界上，有些人就是为情而生的。我们不能责怪三毛陷于情感沼泽，恰恰是这份情执，才让她写出那么个性、深情的文字来。

有人说，“三毛总是追求着有唯一可取之处的男子——”有人说，“因为她长相丑陋——”我想，这只是对她的诋毁，深情不等同于滥情，它是无罪的。那些嘲笑她的以及嘲笑追求爱情的女子的人是虚伪的，也是不懂爱情的人。记得微博上有一次辩论，一个女人说，“女文青之所以自怨自艾，是因为她们永远得不到爱情，因为好男人都不喜欢她们，而我们这些聪明的女人却可以挑选，我们要的男人智商必须在140以上、博士或硕士学位、有体面的工作、有说得出口的家世、他父亲的智商要在135以上，他母亲也受过高等教育……他小时候在什么学校里读书，获过什么奖——都要考察。”忽然觉得好笑，干脆去克隆量身定做算了。她们一生的事业就是拼命地争取这样一个男人，而且都成励志哲学了（目前市场上好多教你如何获取此类男人的书）。另一个网友好心地说，“别听她们的，在这里说得光鲜，回家还不知道怎么受老公的气去了。”真有种哭笑不得的感觉，她完全会错了意。接着她又开始讲，她是如何征服一个男人的。她约一个男人出来，那人没想到她带了女友，她们让他做仰卧起坐，耍弄其到半夜——

如果你爱他，你为什么要以戏耍他为乐？如果你不爱他，为什么又去征服他？对我来说，不喜欢的人必须在一定距离之外，连靠近也是一种侮辱。

这些人都是不懂得爱情的人，然而也张牙舞爪颠覆了这个世界的爱情观。爱情就是爱情，不是迂回战术，上面所谓的征服不过是用来向玩伴炫耀的一场艳遇。

三毛从来不是追求有唯一可取之处的男子的人，而且，她虽然算不上漂亮，但也不是丑陋，她不过是过于率真和勇敢，在爱情的路上，既不掩饰自己的热情，也不玩阴谋诡计，比起当下那些连爱情也要参考励志书的人来，她才是真心人，只是，并不是哪个男人都能承受这份真心，她的爱情之路可谓多灾多难，然而，她仍旧奋勇向前，这姿态被那些优雅、矜持的人视为难堪，被那些精明、麻木的人视为笑料。所幸，三毛活跃于上个世纪七十年代的中国台湾，当时整个社会风气日渐自由，人们生活逐渐安定、松弛，开始产生憧憬的时刻，她的关于爱的散文正切合了这种需要，不然，在我们这个被物质冲击、人类开始异化为机器的社会里，她肯定会被鄙视为疯子，带着灵魂上路的人，总会被那些失去灵魂的人妒恨。

中国台湾作家季季说过，三毛的作品里有一种“自我幻化”。我觉得这种说法也有可取之处，只是，我同时也认同这种“自我幻化”，一个拒绝虚伪世界的人，除了自我幻化还有什么更好的消遣生命的方式？她活在自己的梦里，这个梦饱含着她真实的感情，所以，比那些在现实世界中真正产生过的虚伪举动更真实。“她一味向读者兜售一个多么了不起的三毛，然后躲在虚化的人物背后心力交瘁。后来三毛曾在文章里说：‘你们都被三毛骗了。’又说：‘我要杀死那个三毛。’这说明，再继续表演下去，她实在力不从心。”

世界本就是舞台，在这个舞台上卖力表演的又何止三毛一人？每个人都是演员，只是三毛表演的时候没有顾及观者的好恶，而众人是一边瞧着别人的眼光一边起舞的。

我不是一个喜欢去探究作家作为真实的人背后真实的故事的人。了解一个作家，读她的作品，评价一个演员，看她的表演。我厌恶所有捕风捉影的臆意猜测，但是，当种种传闻让人出离愤怒的时候，我不想继续表示不屑；而且，这个不可爱的世界，总让我怀念一些可爱的人。

关于三毛的传言竟然到了骇人听闻的地步，包括荷西的存在与否，或荷西的存殁问题等等。即便所有的故事都是假的，但那感情却是真的，真实到聚积所有的伤痛以至于自杀的地步。

季季说，“病痛，心痛，都曾经是事实，但这一切若被当作商品贩卖，总有一天她会感到承担不起，因为没有人的真实和隐私可以给人拿了放大镜端详。”

——的确，真实需要付出太高的代价，就像在丛林中行走，所有生物都披上了它们的保护色。

忽然想起海子，中国没有一个人同意海子的梦。“真的吗？”他们问，于是海子卧轨了。海子的自杀应该和三毛不同，他是因为缺乏认同，因了失望和孤独，三毛是因了众人对其“真实”穷追猛打的迫害，然而，他们的死都是因为内心对真实的渴望。

“她是一个在心态上很不健康的孩子，她热爱自然的一切，大海，艺术，真诚，并且把自己的热爱夸大，放在舞台上表演。舞台原本是虚构命运的地方，她偏要拿真实的自己去上演，到最后自然弄得真真假假是是非非不可收拾了。”

——热爱自然，大海，艺术，真诚，并不能说是不健康，而恰恰这才是真正健康的心态，以孩童般的纯真去面对生活，自有一番妙趣，回归本真，错开被同化、异化、物化的路途。只是，不需要表演，那舞台原本是为戏剧准备的，当所有人的人生都戏剧化，上演编排过的剧本，而三毛却表演真实，所谓本色出演。这不是她的过错，就像《天若有情》里的展颜，固执地坚持着自己的真实，想要什么和不想要什么自己很清楚，管你们别人怎么说！

“我为的是我那颗心。”

三毛也是。

目录

第六章 自杀是真诚的选择

第七章 三毛的内向世界

附录

第一章

稻草人与笨小孩

自古书痴多情痴

似乎中国的作家尤其是女作家，都是从小时候开始读《红楼梦》的，张爱玲八岁，三毛十一岁。那时候三毛念小学五年级，在课堂上，她把《红楼梦》藏在裙子下面偷偷地看——

读到了第一百二十回“甄士隐详说太虚情，贾雨村归结红楼梦”……当我看完这一段时，我抬起头来，愣愣地望着前方同学的背，我呆在那儿，忘了身在何处，心里的滋味，已不是流泪和感动所能形容，我痴痴地坐着，痴痴地听着，好似老师在很远的地方叫我的名字，可是我竟没有回答她。老师居然也没有骂我，上来摸摸我的前额，问我：“是不是不舒服？”我默默地摇头，看着她，恍惚地对她一笑。那一刹那间，我顿然领悟，什么叫做“境界”，我终于懂了。

真正喜欢读书的人都是感受能力特别强的人，他们能够透过字面感受到更深层次的东西，像莫言《红萝卜》中的小男孩，见别人所不能见。对于美的东西，他们的享受更充分，随之而来的是需求更迫切，所以才到达痴的境界。

无疑，三毛也是个书痴。

在学习紧张的六年级，她还偷看完了一整部的《射雕英雄传》。她说，“这种书看了人要发呆个好多天醒不过来。”深有同感。记得以前我不喜欢看到结局，因为无论是悲剧还是喜剧，结局了，就什么都完了。这个世界结束了，再跟我没有任何关系，仿佛游走在梦里，怅惘、失落。

三毛一家搬到中国台湾，她倾尽零用钱，在租书店租了所有俄国小说家的书，《复活》《罪与罚》《死魂灵》《战争与和平》《卡拉玛卓夫兄弟》《猎人日记》《安娜·卡列尼娜》等。有一次，父亲陈嗣庆晒大樟木箱，一套套尘封已久的中国通俗小说重见天日，《水浒传》《儒林外史》《今古奇观》。而租书店的书都是要限时归还的，她就在老箱子的中国古典小说与租书店的俄国小说之间，交相挣扎，两边都想看，忙得不得了。

她租来芥川龙之介的短篇小说，又在大伯父的书架上找到了《孽海花》《六祖坛经》《阅微草堂笔记》《人间词话》……

以至于初二第一次月考，四门功课不及格，被父母管制，她勉强收了心，开始用功学习，每门功课都认真地背。数学月考好几次都是满分，引起了数学老师的怀疑。又出了一次她完全不懂的方程式，她考了零分，然后老师就处罚她，用毛笔在她的眼睛周围画了两个大圈，墨水太多，流到唇边，让她以这副模样到操场绕场一周。其实那时候体罚是普遍现象，但是对于三毛，这次处罚却是她一生从没有受过的屈辱。

第二天我一进教室，看到桌椅就昏倒，从此我就得了自闭症。

每天我把自己关在房里，除了爸爸妈妈谁也不见。

自己的世界里最安全！

三毛是敏感且脆弱的。受辱后的一段时间内，她还勉强去上学。然而一看到学校那米黄色的平顶，就想走掉。她去六张梨公墓、阳明山公墓、北投陈济棠先生墓园，以及市立殡仪馆附近的无名坟场游荡，“世上再没有比跟死人做伴更安全的事了，他们都是很温柔的人。”这个“人”的世界让她感到恐惧，所以她就只有逃避。三毛是个任性的孩子，她像弱小动物一样发挥趋利避害的本能。然而，人毕竟是生活在社会之中的，她不能游离，又被拉回来了。

最终三毛不得不休学。

所幸，父母都是知识分子，不会任打任骂地逼着她再回到学校，也不会放任她郁郁寡欢。他们送她进美国学校，送去学插花，学钢琴，学国画，跟名家黄君璧习山水，跟邵幼轩习花鸟。父亲教她背唐诗宋词，看《古文观止》，读英文小说。

对美的感受能力，除了三毛本身的天赋以外，还有这些以爱为名的引导、熏陶。然而这并不能打开她的心结，她仍旧把自己关在家里，不主动跟人接触，大门外的世界对她而言没有意义。

因此，父母免不了偶尔为她的前途长吁短叹，在三毛看来，这是无声的谴责，更增加了她的自卑，她在家里像个异教徒一样，休学第二年，她第一次想到自杀。

如果没有我多好，爸爸妈妈不会再紧皱着眉头，不会再时不时发出一连串的叹息，姐姐和弟弟也不必再躲躲藏藏地谈论学校的趣事，那么我还活着干什么呢？

割腕自杀，我一直以为是最残忍的死法。《绛色沉哀》里之落的母亲选择这种方式，让血慢慢流尽——三毛没有死成。

直到年轻的画家顾福生出现。

许多年过去了，半生流逝之后，才敢讲出：初见恩师的第一次，那份“惊心”，是手里提着的一大堆东西都会哗啦啦掉下地的“动魄”。如果人生有什么叫做一见钟情，那一霎间，的确经历过。

顾福生是顾祝同将军的次子，“五月画会”的成员，在当时已小有名气。他这年二十五岁，三毛十六岁。他这个时期的作品，有一点像莫迪里阿尼拉长变形的人体造型、巴菲特笔直利落的人物线条，以及他所采用的寒冷色调，被他的好友作家白先勇称之为“青涩时期”。

这样的一个优秀的人，怎么能说是有唯一可取之处的呢？三毛的眼光是锐利的，她觉得他温柔而能了解她。

事实也确实如此。

“你的感觉很特别，虽然画得不算好……”

“可以，再画。”

顾福生很快就看出来三毛的才华不在于绘画。他给她一本《毛汇》合订本，几本《现代文学》杂志。因为他，她接触到波德莱尔、加缪、里尔克、横光利一、卡夫卡这些现代主义作家，才懂得自然主义、意识流。他介绍她认识陈若曦，还向白先勇推荐她的文章。白先勇主办的《现代文学》杂志刊登了三毛的第一篇小说《惑》，署名是陈平。她从画室拿到杂志，跑回家去告诉父母……他让她找回了自信，还有一次，一向素淡的三毛坚持要做一双红鞋子，她满怀喜悦地穿进画室，顾福生见了，说，“很好看。”在他的身边，她开始成为一个关心自己是否美丽的少女，潜伏多年的活泼本性也慢慢流露出来。

这是一种不能说出口的爱恋。她在模仿老师的画的右下角，签下：Echo。

Echo，是希腊神话中恋着那喀索斯又无法告诉他的森林女神。

希腊神话中，宙斯的妻子赫拉嫉妒Echo的美貌，让她失去了正常的说话能力，只能重复别人的话的最后三个字。所以这个词成了回声的意思。

美丽的Echo疯狂地爱上了河神之子那喀索斯，这个极致美貌的男子人见人爱，他却生性骄傲，对那些爱慕他的女子全都不屑一顾。久而久之，只剩下痴情的Echo，她带着无法遏制的爱，紧紧地跟在那喀索斯身后，希望他能注意到自己。那喀索斯感觉有人跟着自己，便问：“谁在这里？”

Echo欣喜万分，却根本无法表达自己。那喀索斯没有等待别人的耐性，见Echo不回答，便欲抽身而去。Echo不愿放弃这次机会，她的回答冲口而出，只有三个字：“在这里。”

“不要这样。”那喀索斯说，“我宁死也不愿让你来占有我！”

“占有我！”

那喀索斯听了撇撇嘴，认定跟着自己的这个姑娘是个轻浮的人，便满脸不屑地走了。Echo羞愧难当，怀着悲痛的心情躲到了山林深处，最后憔悴而死。

如此追溯，三毛的签名是诗意的，唯美中浸着凄婉。她的感情也是诗意的，恰同豆蔻少女初生的朦胧感伤，似水凝烟，极富含蓄之美。她形容这位老师：淡漠而精致。

顾福生放下华丽的家世远走他乡，一心追求艺术创作，安静而不喧哗，他的身上定有那个因自恋而死的那喀索斯的神韵，却没有那种傲慢和冷淡。对三毛来说，顾福生更亲切，他是温柔且善良的。

三毛因此走出了自闭。

她后来说，“以后的我，对于艺术结下那么深刻的挚爱，不能不归于顾福生当年那种形式的爱所给予我的启发和感动。”

你有多真就有多美

顾福生离开中国台湾去巴黎定居，三毛很失落，就常去找顾先前介绍给她的朋友陈若曦聊天。陈若曦鼓励她走出自己封闭的生活空间，建议她去学校读书。经斟酌，三毛写信给台北的中国文化学院创办人张其昀先生，请求做一名选读生。张先生看了她的作品后，笑着跟她说：“我觉得你有两个方向可以走，一个是文学方面的路，另外是走美术方面的路。好在你没有学籍，要读哪个系可以自由选择。”他给她一张申请单，三毛填了哲学系。张先生看了以后十分意外——

我觉得这是可以理解的，艺术给人以美，哲学给人以真，在美和真面前，三毛选择了真。《第七封印》中布洛克说，我需要真理，不是信仰，不是承诺。而通常所说的真善美，也是把真排在最前面的。人，一旦来到这个世界上，就开始追问从哪来里来到哪里去的问题，在追问的过程中，有些人觉得活着就是目的，有些人却非要弄明白不可，我们为什么而活？善思的人最关心的始终是生命的终极问题。无疑，三毛是善思的。她自己后来说：“哲学并没有使我找到生命的答案，我唯一学到的是分析。研究哲学，对我是一种浪漫的选择，当初以为它能解释很多疑惑，事实上，学者的经验并不能成为我的经验。我只能说，生活把我教育出来了。哲学是基础，人生根本不能问。”

有多少人把研究哲学当成浪漫的选择？在我的印象里哲学系的女生应该是戴着厚厚的黑边眼镜，齐耳短发，每天抱着一摞书进进出出，脑子充满了名词术语，对外界的人和物视而不见，感受让位于思考。但是三毛仍旧感受多于思考，体验多于理论，三毛是艺术家的气质，无法改变。

对于人生的结论，三毛是“人生根本不能问”。这句话充满禅的意味，还有她曾经说过的“爱情有若佛家的禅——不可说，不可说，一说就是错”。这是三毛自己的哲学，玄妙不可追。

天才在常规的条条框框中总是被打败，在那条长长的俨然有序的别人规定好的独木桥上被遗漏。已经发表若干文章的三毛竟然在大一时的汉语考试中考了个不及格——三毛虽然自认读书广泛，但对那些死记硬背的知识点却从未用心记过。老师说，这些都是文学常识，你应该知道啊！三毛为自己辩护，“老师，我是失学少年，不知道《春秋》是什么年代修的，这应该是文学史上的问题。”老师让她参加补考，聪明的三毛知道补考还是考一样的东西，很可能再考出一个不及格，灵机一动，想出了个好主意，她要求以一篇文章代替汉语考试。这老师真是有水平，竟然答应了。三毛编了一个关于自己家庭的故事，讲祖父、父母及自己的童年生活，还穿插了一个浪漫的爱情故事。老师看了说，“你是我所有学生中最有才华的一个，老师看了你的作文非常感动，几乎一夜没有睡好，老师都流泪了。”

这样的老师实在太少，三毛很幸运。事实上，别说是学校，从一加一等于二开始背诵，就算是公司，对于边边角角无谓知识的不放过和对于真正思想上的才华视而不见者比比皆是。记得去一个图书公司面试，书面考试题就有三个小时的题量，他们要的不是有才能的人而是一台可以码字的机器。我并不否认知识，但是只有知识不会思考的人不过是两脚书橱罢了。一代又一代，我们的教育马不停蹄地打造这类书橱。

三毛是幸运的，她生活在自由的空气中。就算不上学，也不必像《平凡的世界》里的孙少平一样去煤窑里寻找人生真谛。并不是要把人分三六九等，只是人对于自己生活的选择，有主动和被动。在我们的社会，不读书又没背景的人只能被动地选择生活方式。书中自有黄金屋和颜如玉的古训并没有失去它一直以来的魅力。尼克拉耶娃说，“书籍是生活的加速器。” 赫尔岑说，“书是这一代对下一代精神上的遗训。”读书目的不一样，难怪我们书橱比较多。书橱都是没有真性情的人，他们所追求的都是实在的实用的看得见摸得着的物质，精神世界一片空虚，所以也就无所谓真理，真实。记得我在《在我的开始就是我的结束》中说过的一句话：“这个世界是没有希望的，掏空了心的躯壳，一具又一具，并排行走，说着同样的谎言。”这个世界上真人少，假人多，像屋顶子上吊下来的假花，没有生命，没有力。

三毛是最具生命力的真人。

爱也爱得彻底，痛也痛得彻底。

三毛所读的这个文化学院是一所私立大学，刚开办不久，学生加起来也不过两百多人，所以来来去去几乎全是熟面孔。在学校、图书馆、咖啡厅这样的地方，总是喜欢出现一个卓尔不群的人。他便是这样一个男生，英俊、儒雅、气质高贵，把自己打扮得很平凡，希冀隐匿在角落里不起眼，却不经意中吸引了众多的目光。他仍旧我行我素，不对任何人侧目。他叫梁光明，是文化学院戏剧系的高材生，已经出版过两本文集，在校园里也成了大名鼎鼎的才子，有一个响亮而充满诗意的笔名“舒凡”。

三毛读了他的作品就爱上了他，看见他第一眼后更是整个人被彻底俘虏。大多数女孩子追求他受到挫折后就放弃了，三毛却是锲而不舍。舒凡去哪里，三毛就去哪里，她像影子一样跟着他。她为了去他所在的教室去旁听而逃课；她去他经常去的那家面馆吃饭，其实对面前的饭菜并不感兴趣；她去他要坐的那班车站牌下等车……

然而这一切，都没有引起高傲的舒凡的注意。三毛很绝望。

有一次，三毛发表了几篇文章，在学校里请客。当同学们吃和菜、喝米酒的时候，舒凡一个人晃晃荡荡地走了进来。三毛给他倒了一杯酒，想着，“这次他总得和我照个面吧！”谁知，他举杯喝个精光，却和别的同学干杯去了。三毛失望之余，想：“他越躲着我，表示他看重我，不然他可以大方地和我说话呀！”

不管此时的舒凡喜不喜欢三毛，可以确定，他已经注意到她了，他感觉到她的追随。在热情面前，他选择躲避，因为他不知道怎么迎接，怎么处理自己一直平静的生活中的波澜。他应该是一个内向的沉默寡言的人，在心里除了不屑与人交往外，还有畏惧。电影《怦然心动》里朱莉刚见面就去拉新搬来邻居家的男孩布莱斯的手。他飞快地甩开了她，而且后来总躲着她。大概就是这种懵懂的畏惧心理，含有对热情的反感。而三毛，和朱莉一样，有冒险精神，浪漫精神，敢于与众不同，有爱，也希望被爱。她的生命生机勃勃，健康且有力。“不像我们通俗文化里的女主角，大多还是傻而天真，迷糊，乐观，感情丰富这一型，等男主角来怜爱。”

聚会中舒凡的冷漠几乎让三毛泪眼婆娑，然而走出人群，一个人来到操场草坪上时，却看见那个熟悉的身影，这一次，他没有躲开她，没有躲开她炽热的目光。她加快了脚步，奔向这个使她魂牵梦萦的人。

他们互相望着，千言万语都在眼神中传递了，她伸手从他口袋里掏出钢笔，在他的右手上写下一串电话号码，然后跑掉了。

一放学三毛就飞快地跑回家，进家门第一句话就是："姆妈，有我的电话吗？"她在等他的电话，坐立不安，在接听了无数不是所等之人打来的电话之后，三毛都快崩溃了，为了爱你，我放下所有的尊严，几乎变成了你的臣民，匍匐在你这位尊贵的帝王脚下，你真的对我这份炽烈的爱毫不在意吗？是飞蛾扑火，还是就此放弃？辗转反侧，没有一个最后的答案。

终于在一个黄昏，他打电话来了……

走过操场的青草地 走到你的面前
不能说一句话 拿起钢笔
在你的掌心写下七个数字
点一个头 然后狂奔而去
守住电话 就守住度日如年的狂盼
铃声响的时候 自己的声音那么急迫
是我 是我 是我 是我 是我 是我

从此，校园里多了一道亮丽的风景，众人瞩目的才子和性情独特的才女每天走在一起，读书，吃饭，逛街，仿佛王子和公主的童话，细雨变成宫殿的水晶帘，风声就是音乐……

《怦然心动》的结局是"没有阴差阳错，只有水到渠成"。三毛和她的白马王子的结局却没有那么乐观，像大多数初恋一样，以分手告终。

我曾经在分析《胭脂扣》的一篇文章里说过：不对等的爱情，会从天平上摔下来。三毛和舒凡的爱情是不对等的，舒凡始终无法像三毛爱他一样爱三毛，他像一泓湖水，静静地接受世事变迁，而三毛是一团火，她的热情炙烤着他，使他疲备不堪，做不出相应的回应，她就生出许多莫名的烦恼来，歇斯底里地发脾气，动不动就流眼泪，这颗慌乱的心舒凡不懂，她曾几度幻想着他会从她的世界里消失，他们有着一个没有希望的未来——

她要抓住他，把他永远留在身边，最后想出了结婚这个主意。

“凡，我们结婚吧。”

然而，她面对的不是至情至性、浪漫主义的荷西，而是现实、理性的舒凡，这个把责任看得高过本心的男人是不会头脑发热的，他懂得婚姻是世俗的缔结，需要世俗的种种来支撑，比如房子、工作、事业和金钱，自古“贫贱夫妻百事哀”，子君也只得“伤逝”了。

他委婉地说，“平，你不要冲动。”

被拒婚对女孩子来说是一种耻辱，“天一下子黑下来。”三毛被打入万丈深渊。一时负气和委屈，让她做出离开的决定，乞求得来的感情只是同情，绝不会是爱情，这一刻，她清醒地看到，他从来没有像自己爱他一样爱自己，从一开始就是“求”，而真正的爱情是发自本心的。“也许放弃才能真的靠近你；不再见你，你才会把我记起。”如果他还有一点真心，有一点恋恋不舍，他会留她的，她在等。

等来的却是一句：祝你旅途愉快！

麦芒说：人，死于心碎。

此刻，她的心碎了。再也没有留下来的理由，在雾气弥漫的思绪里，她一个人登上了飞往马德里的班机……

三毛说，“那是我真正的初恋。对方没有答应我。我求了又求，求了又求，哭了又哭，哭了又哭。后来我走了。” 于对方的心中有比她更重要的东西存在着，亦舒说：“人的天性便是这般凉薄，只要拿更好的来换，一定舍得。一个男人若是想要离开你，若是不再爱你时，你哭闹是错，静默是错，活着呼吸是错，死了都是错！”

人说最难忘是初恋。也许他从未走出过她的生命，许多年后，三毛作词《说时依旧》道出她曾经的失落和惆怅：

重逢无意 相对心如麻
对面问安好　不提回头路
提起当年事　泪眼笑荒唐
我是真的真的真的爱过你
说时依旧　泪如倾
星星白发犹少年
这句话请你放在心底
不要告诉任何人你往哪里去
不要　不要　跟我来
家中孩儿等着你
等爸爸回家　把饭开……

没有爱的生活是不值得经历的，爱情对于三毛，不是非如此不可，而是一个体验的过程。她说，“在这样的年纪里，如果没有爱情，就是考试得了一百分，也会觉得生命交了白卷。我不管这件事有没有结局，过程就是结局，让我尽情地去做，一切后果，都是成长的经历，让我去，让我去！”所以，她不会永远沉沦在这一段爱情中。

三毛后来说她喜欢着许多人，却并不为爱所苦。因为她不求形相，她对人一无所求，比如，她十岁时狂爱毕加索，从小就梦想着成为他的情人，焦急地怕他要老死了而自己还没能快快长大去向他求婚。毕加索死了，她仍爱他、欣赏他，在他的真迹名画之前徘徊流连，将他深植在灵魂至爱的一角，但她不痛苦了。她的爱是超乎凡俗之爱的：“他生前，不知世上有这么一个女子在爱着他，这又有什么关系呢？而我，也没有损失，我得到的是永恒以及其他的爱。”

不一样的中国女子

性情豁达的三毛用自己充满活力的体魄行走天涯，不知疲倦。

这一形象是美的。健康、绚丽、逼人眼。

三毛过世后，一九九一年台北的《时报周刊》采访舒凡。舒凡说："她是个很要强的人，什么都要最好、最强、最高，有时候别人一条直线已经画得很直，但是她却仍拼命地画直线，仍觉得不够直。"

要强，需要一种力量，生命的力量，而三毛的的流浪恰恰体现了这种力量。

三毛流浪的第一站是西班牙的马德里，在心理上应该跟毕加索有关。而且后来，她也不只一次地说过，德国、美国、撒哈拉，她最喜欢的还是西班牙，西班牙是她的第二故乡。"我决定来西班牙，事实上还是一个浪漫的选择而不是一个理智的选择。"

一九六七年初，三毛的父母送她到机场，一边抹泪一边叮咛她："从此是在外的人啦，不再是孩子啰！在外待人处世，要有中国人的教养，凡事忍让，吃亏就是便宜。万一跟人有了争执，一定要这么想——退一步，海阔天空……"

下了飞机，父亲的朋友徐伯伯来接她。之后就进了马德里文哲学院，来到一个陌生的地方，周围全是陌生的人，她开始感到孤独。

当她仍旧一封封地写信，向舒凡诉说自己的相思之情时，他却决绝而冷淡地说，以后不必再联系了。心像在逐渐崩裂的冰上走，最后残存的希望也埋没，这次是彻底沉入冰窟了。麻木的三毛并没有失态，她仍旧做父母嘱托的好孩子，仍旧用功读书。

初入大卧室的三毛显得谦卑、有礼、温和而甜蜜，整个宿舍的同学也对她特别好。起初是大家一起做家务，因为三毛的好脾气，渐渐地都成了她一个人的事情，连衣服也成了公共的，今天这个来借，明天那个来借，穿完也不洗就还给她，三毛沉着气给她们乱挑，一句抗议的话也不说，但是心情却越来越沉落。

尤其是她当时没有固定的男朋友，平日下课了总在宿舍里念书，在外面的同学就老打电话回来：

——三毛，天下雨了，快去收我的衣服。

——三毛，我在外面吃晚饭，你醒着别睡，替我开门。

——三毛，我的宝贝，快下楼替我去烫一下那条红裤子，我回来换了马上又要出去，拜托你！

三毛在心里一遍遍地自问：“为什么我要凡事退让？因为我们是中国人。为什么我要助人？因为那是美德。为什么我不抗议？因为我有修养。为什么我偏偏要做那么多事？因为我能干。为什么我不生气？因为我不是在家里。我的父母用中国的礼教来教育我，我完全遵从了，实现了；而且他们说，吃亏就是便宜。如今我真是货真价实成了一个便宜的人了。对待一个完全不同于中国的社会，我父母所教导的那一套果然大得人心，的确是人人的宝贝，也是人人眼里的傻瓜。”

直到院长铁青着脸站在门边，冤枉她卖避孕药，三毛终于爆发了。她拿着扫帚乱打一气，连哭带骂，倒真把那些欺软怕硬的“洋鬼子”们给震住了。

宿舍的空气僵了很久，大家又变得客客气气。连院长也找她去讲和：这个世界上，有教养的人，在没有相同教养的社会里，反而得不着尊重。一个横蛮的人，反而可以建立威信，这真是黑白颠倒的怪现象。如此建交需要先跌跤，当你真跌下了，就别想再爬起来。

半年后，三毛去了德国，在“歌德书院”啃德文，课业非常重。然而隔壁冰岛来的女人特别喜欢开狂欢会，“这个冰山似的芳邻，对男朋友们可是一见即化。”夜夜笙歌，她的房间里传出嘶叫的音乐，男男女女兴奋的尖叫声、追逐声、拍掌跳舞声，惹得三毛神经衰弱，念书一个字也念不进去。忍耐了三周见那女人仍旧高烧不退，三毛站起来去敲她的房门。对她说：“请你小声一点，已经十二点半了。”她气得冲了过去，把三毛向外一推，门嘭一下关上了。

三毛处世冷静且聪明，知道跟这种女人打架吵闹没用，她还不同于西班牙人，西班牙人到底老实敦厚，所以三毛直接去学生宿舍的管理处找学生顾问。学生顾问却不以为然，说：“这个邻居就骚扰了你？我们没有接到其他人对她的抗议。”

还显得三毛很多事一样，三毛据理力争，“这很简单，我们的房间在最后两间，中间隔着六个浴室和厨房，再过去才是其他学生的房间……”

说了那么多都没有用，最后三毛把冰岛女人狂欢的声音录下来，又送到学生顾问那里去。这一次，三毛赢。那个外国顾问不禁对她刮目相看了，“贵国的学生，很少有像你这样的。他们一般都很温和，总是成绩好，安静，小心翼翼。以前我们也有一次这样的事情——两个人共一个房间的宿舍，一个中国台湾来的学生，他的同房带了女朋友同居了三个月，他都不来抗议，我们知道了，叫他来问，他还笑着说，‘没有关系，没有关系。’”咦，中国人原来都是这么懦弱的，真是能忍常人所不能忍，怪不得人家没把三毛这个中国女子当回事，她总算给他们一点颜色看看，可是——

三毛排队买饭时竟然听到中国同胞窃窃私语：

“西班牙来的。”

“你看她那条裙子，啧，啧……”

“人家可风头健得很哪！来了没几天，话还不太会说，就跟隔房的同学去吵架。奇怪，也不想想自己是中国人——”

“学生会讲的啊！大家商量了好久，是不是要劝劝她不要那么没有教养。我们中国人美好的传统，给她去学生顾问那么一告，真丢脸透了！你想想，小事情，去告什么劲嘛——她还跟德国同学出去，第一次就被人看见了……”

这些话听起来可笑，中国人怎么了？中国人就得忍？真是大有中国“大事化小，小事化了”之风，还以为是保持教养，其实是懦弱无能，自认卑贱罢了，连你自己都觉得自己比别国人低一等，那还有什么办法？如此，为什么还要把我也拉到你低下的位置？三毛如是想，但却不敢站出来跟他们单挑，“被外国人欺负了不能忍，但面对自己的同胞却只能一忍再忍，不然就是真的丢了人。”三毛听着这些愚昧的谈论，躲到角落里，屏息敛气了。

再后来，三毛到了美国。

托朋友租的房子。她走进去，仿佛进了某部“垮掉一代”电影布景里，客厅里躺着一群男男女女，吸着大麻烟，点着印度的香，不时敲着一面小铜锣，一脸沉醉……灵魂的空虚。她们并不妨碍三毛，但三毛还是记得“孟母三迁”的故事，搬去了一个小型学生宿舍。

对间住着一个正在读教育硕士的学生，很用功，几乎每夜打字打到两点，吵得三毛没法看书，但三毛觉得这女孩子的认真是少见，心里很赞赏她，所以，她总是等她夜间收班了，才静下来再看一会儿书。却不想有一夜那女孩子来敲三毛的门，毫不客气地指责三毛半夜里还看书，窗户里的灯光影响了她的睡眠。

三毛只好说：“你不是也打字吵我？”

那女孩说：“可是，我现在打好了，你的灯却不熄掉。”这都是什么逻辑？我字打好了，你也得熄灯，聪慧如三毛不会被这看似合理，实则诡辩的逻辑绕进去，她说，“那么正好，我不熄灯，你可以继续打字。”

在外奔波了几年，倒是不会一有事就生气了，三毛不在乎什么绝交，鲁迅的话犹在耳边：恶狗咬了我，我绝不会反咬狗，但是我可以用棍子打它。

张爱玲专爱揭小市民的伤疤，但小市民的那种庸俗、自私、懦弱，有着混沌且丰富的喜色，甚至可爱。西方国家的文化却是理直气壮的冰冷和自私，他们缺少了中国人的克制的美德，他们的“直接”常常让你瞠目结舌。

有一次，一个法学院的学生约三毛去喝咖啡，吃“唐纳子”甜饼，之后他把车开到校园美丽的湖边去。停了车，他放上音响，手很自然地往她身上圈过来。三毛把车窗打开，再替他把音乐关上，很坦然地注视着他，开门见山地说：“对不起，我想你找错人了。”

他被三毛拒绝之后，就开车回了学校。下了车，平静地望着三毛说：“三毛，你介不介意刚刚喝咖啡的钱我们各自分摊。”还相当的彬彬有礼，三毛马上打开皮包找钱付给他，心里却想，“这样美丽的夜色里，两个年轻人在月光下分账，实在是遗憾而非罗曼蒂克。”

还有一次，三毛和女友卡洛一同吃午饭，各自买了夹肉三明治，卡洛又叫了一盘“炸洋葱圈”，还说，“我吃不完洋葱圈，你分吃。”

三毛就傻傻地吃掉她剩下的，算账时，卡洛把半盘洋葱圈的账摊给三毛出，合情合理，三毛自然照付了，心里却暗叫，“姜太公钓鱼，愿者上钩。”

我想在中国，我们是不好意思这样分账的，也许这是坦率，毫无压抑的自我表达，是不虚伪的表现，但是如此斤斤计较，人和人之间那层薄薄的软骨膜被取消掉之后，还有什么？我不喜欢用虚伪的人情圈住的关系，更不喜欢用金钱垒筑的世界。

而美国，在这方面真是不同凡响。

有一对美国中年夫妇，没有儿女，对待三毛视如己出，周末假日经常开车来宿舍接她去各处兜风。这对夫妇在山坡上有一幢极其美丽的大洋房，同时在镇上开着一家成衣批发店。感恩节到了，三毛自然被请到这家里去吃大菜。

吃饭时，这对夫妇一再望着她笑，红光满面，仿佛有重大的事情让他们如此激动。果然，他们很神秘地对三毛说："三毛，吃过了饭，我们有一个很大的惊喜给你。"

"很大的？"三毛一面吃菜一面问。

"是，天大的惊喜，你会快乐得跳起来。"

到底是什么惊喜呢？等他们吃完饭，煮好咖啡喝的时候，这位太太动情地望着三毛，甚至眼眶里满是喜悦的泪水。

她说："孩子，亲爱的，我们商量了好多天，现在决心收养你做我们的女儿。"

"你是说领养我？"三毛简直不相信自己的耳朵。她气极了，这就是天大的惊喜：他们没有"问我"，他们只对我"宣布"他们的决定。

他们还自以为是地循循善诱："亲爱的，你难道不喜欢美国？不喜欢做这个家里的独生女儿？将来——将来我们——我们过世了，遗产都是你的。"

三毛气得胃痛，但仍旧做出一副笑眯眯的样子，要套套自己卖身的条件，"做女儿总是有条件的啊！"

"怎么谈条件呢？孩子，我们爱你，我们领养了你，你跟我们永远永远幸福地住在一起，甜蜜地过一生……这世界上坏人很多，你不要结婚，你跟着爹地妈咪一辈子住下去，我们保护你。做了我们的女儿，你什么都不缺，可不能丢下了父母去结婚哦！如果你将来走了，我们的财产就不知要捐给哪一个基金会了。"

用遗产来交换一个女孩子的青春，残忍且滑稽，他们却说是对你天大的恩赐，美国人的头脑，叫你真想不通！

三毛站起来，机械地说，"再说吧！我想走了。"在她的眼中，这两个优雅、慈祥的老人忽然变得丑恶起来，像中国时下经常说的一句话：他们穷得只剩下钱了。

三毛也曾一再反省自己，“为什么我在任何一个国家都遭受到与人相处的问题，是这些外国人有意要欺辱我，还是我自己太柔顺的性格，太放不开的民族谦让的观念，无意间纵容了他们？是我先做了不抵抗的城市，外人才能长驱而入啊！”

她抛开父母的叮咛，开始做一个“还我本色”的炎黄子孙。

沙漠里的仙人掌

三毛去西班牙，要在英国机场转机。

同样的情况，向三毛求助的那位老人被放行了，三毛的“护照”却被移民局的人翻来翻去地看了又看，最后他说：“你，你留下来，这本“护照”不能入境。”三毛说：“我是换机去西班牙，我不要入境，我有B A E十点半的飞机票。”

“哦，你很聪明，你想找换机场的理由，半途溜进英国是不？你们这些中国人。”

不过是换机，却被人以为要溜进人家的地盘，三毛努力控制自己，想，给我通过了再骂他还来得及。她就尽力对他解说：“请不要误会，我给你看机票，给你看西班牙签证，我很匆忙，请给我通过。”

讲完更好了，他将三毛的护照、机票全部扣下来，还让她站到一边去，等别人弄好再来办她的问题。

别人在慢慢地被放行，最后是那个拿中国台湾证件，娶比利时太太的人也放了。他太太对三毛说：“不要急，你情形跟我先生一样，马上轮到你了，再会了。”

成了孤客的三毛站在那里没人理，似吹落在北风中的寒菊，还死死地抱着香枝不放，充满侥幸地，笑眯眯地转过身来，友好地问站在身后那名英俊的英国安全官：“你在这儿做什么？”安全官笑笑不说话，傻孩子，她还不知道是来监视她的。

过了一会儿，他说：“请你去喝咖啡。”

一部警车开过来。

三毛才恍然大悟，大叫着要找律师。

只管“关人”的警官生气了，反问三毛：“你怎么不去房间里抱了枕头哭，吵得我不能工作。”三毛回房里，看着很脏，又走出来东瞅西瞧地找扫把。那个警官气疯了，“你怎么又出来了，你找什么？”三毛说：“找扫把想扫扫地。”警官说：“小姐，你倒很自在呵，你以前坐过牢没有？”

他终于被三毛吵得工作不下去了，就去煮咖啡，还叫三毛一起喝，三毛让他多放一些水，然后每一个房间都去叫门：“出来，出来，老板请喝咖啡啊！”

霎时，很多人从房间里出来，一个个神情沮丧萎缩，一看就知道都是来自不同的国家，都是男的。大家都愣愣地看着三毛。警官一看这阵势，愣了，口里嘟囔着：“唉唉，你是什么魔鬼呵！我头都痛得要裂开了。”

呵呵，三毛不是魔鬼，而是精灵，古怪精灵。

她问他：“以前有没有中国女孩来过？”他说：“有，人家跟你不同，人家静静地在房内哭着，你怎么不去哭啊？”（怎么不哭？怎么不哭？怎么不哭？太讨厌了！）

三毛捧着杯子，喝着咖啡，告诉他：“我不会哭，这种小事情值得一哭么？”反过来想想，这种经历真是求也求不来的，人生几度夕阳红——人生几度坐监牢呵！

晚上，那些警官都围着电视看，他们问三毛：“你们中国台湾有电视么？”

三毛说：“不稀奇，我家就有三台电视，彩色电视很普通。”

他们呆呆地望着她，又说：“你一定是百万富翁的女儿，你讲的生活水准不算数的。”

三毛说：“你们不相信，我给你们看图片，我们的农村每一家都有电视天线，我怎么是百万富翁的女儿，我是最普通家庭出来的孩子，我们中国台湾生活水准普遍的高。”三毛不是炫耀，只是漫不经心地反驳他们“狗”眼看人低。这些英国人——口里总是说着：你们中国人，你们中国人的——看来对中国人印象不佳，大概是人穷志短，人人生而不平等，被怀疑为小偷的总是穷人。三毛却坚持人活着除了吃饱穿暖之外，起码得受人尊重的原则。

三毛虽然在拘留所里没有受到虐待，但他们如此不公平地把她扣留，使她丧失了尊严，她不会很快就淡忘掉，回了移民局还要据理力争，找回仅剩的那点尊严。

移民局的小胡子一本正经地念扣留的理由：第一，中国台湾“签证”不被大英帝国承认。第二，申请入境理由不足，所以不予照准。第三，有偷渡入英的意图。第四，判决“驱逐出境”——目的地西班牙。另外，若西班牙拒绝接受你的入境，今夜班机回香港转台湾。

他念完了将笔交给三毛：“现在请你同意再签字认可。”

三毛静静地合着手坐着，突然说：“我不签，我要讲话，讲完了也许签。”其实她心里默默地认了，但绝不如此偃旗息鼓了事。他看看表，很急的样子，他说：“好吧，你讲，小心，骂人是没有好处的，你骂人明天你就在香港了。”这小胡子还挺有意思，怕三毛无理取闹骂他，先做了让三毛回香港的威胁。三毛才不会为了发泄，胡乱骂人，她要以理服人，她要让他们为他们的错误羞愧。

她慢条斯理地用她流利的英文一条条讲出来：

“这根本是一个误会，我不过是不小心买了两个飞机场的票而已。你们费神照顾我，我很感激，但是你所说的第一点理由，不承认我的中国台湾证件，我同意，因为我也不承认你的什么大英帝国。

“第二，你说我申请入境不予照准，请你弄明白，我‘没有申请入境’。世界上任何一个国家的机场都设有旅客过境室，给没有签证的旅客换机，今天我不幸要借借路，你们不答应，这不是我的错误，是你们没有尽到服务的责任，这要你们自己反省。我没有申请的事请不必胡乱拒绝。

“第三，我没有偷渡入境的意图，我指天发誓，如果你不信任我，我也没法子拿刀剖开心来给你看。我们中国人也许有少数的害群之马做过类似的事情，使你留下不好的印象，但是我还是要声明，我没有偷渡的打算。英国我并不喜欢居住，西班牙才好得多。

“第四，你绝不能送我回香港，你没有权利决定我的目的地，如果你真要送我回去，我转托律师将你告到国际法庭，我不怕打官司，我会跟你打到‘你死’为止。至于‘驱逐出境’这四个难听的字，我请你改掉，因为我从清早六点到此，就没有跨出正式的‘出境室’一步，所以我不算在‘境内’，我始终在‘境外’，既然在境外，如何驱逐‘出境’？如果你都同意我所说的话，改一下文件，写‘给予转机西班牙'，那么我也同意签字；你不同意，那么再见，我要回拘留所去吃晚饭了。现在我讲完了。”仿佛天地间忽然清气注满，三毛的形象一下子真切起来。”

移民局的小胡子竟然大笑起来，握住三毛的手说：“好勇敢的女孩子，你去吧，晚上九点半有一班飞马德里的飞机，在Heathrow机场。欢迎你下次有了签证再来英国，别忘了来看我。你说话时真好看，谢谢你给我机会听你讲话，我会想念你的。对不起，我们的一切都获得澄清了，再会！”

三毛的伯父和父亲都是律师，弟弟也很快就要拿到律师执照了，打官司嘛，她不怕，对于法律条款，她是心知肚明的，不像那些法盲，好欺负。她一一找出来他们的漏洞，让他们输得心服口服。

到了机场，三毛问送她的警察劳瑞：“你玩过猪吃老虎的游戏没有？”劳瑞说：“什么？谁是猪？”三毛洋洋自得地解释着：“我们刚刚玩过，玩了一天，我是猪，移民局是老虎，表面上猪被委屈了十几小时，事实上吃亏的是你们。你们提大箱子，陪犯人，又送饭，打字，还付计程车钱。我呢，免费观光，增了不少见识，交了不少朋友，所以猪还是吃掉了老虎。谢啦！”

三毛曾经说过，“我是一个像空气一样自由的人，妨碍我心灵自由的时候，绝不妥协。”正是这种不妥协的精神，战胜了人性的卑琐，惩罚了那些欺软怕硬的人。尼采说：“从来不要自卫的人，吞下毒唾液和眼光的人，太有耐心的人，忍受一切的人，满足于一切的人，都让他感到十分憎恶和恶心：因为这是奴隶的方式。”

三毛会运用交通条例，拒绝不合理的“违例”罚款（见《天梯》）；三毛会拿起她的鱼，拒绝卖给那个摸着荷西脸的胖女人（见《素人渔夫》）。有人说：“三毛就像沙漠里的仙人掌，自然环境纵然恶劣，她却悠悠开着自己的小黄花。”我想成为沙漠里的仙人掌，也是拜撒哈拉所赐。

谁曾触动你的灵魂

有人说，“生活里有一些人，不是没有内涵，可是总难以让人觉得可亲，看他们的文章也觉得隔阂，每个词语都好像是钢筋水泥，没有温度，难以接近。这是没有生命的温度和智慧的人。”舒凡就是这样的人，从他给三毛《雨季不再来》写的序就能看出来，短短几百字，加缪、纪德、祁克果，价值判断、心理现象、心智状态……没有感受，只有推断，像精密打造的机器人。人之可爱，不在于容貌，不在于才华，而在于性情，像三毛这样至情至性的人为何会对毫无酒神精神的舒凡痴爱成狂呢?

年轻的孩子，总会有一些虚荣心，被外表所诱惑。舒凡高大俊美——美人沉默被称为冷艳，丑人沉默被称为木讷——他的疏离吸引了众多女孩子，众人仰慕造就了他的躲闪，而拒绝更增添一个人的魅力，如此，三毛只是喜欢向高难度挑战而已，越是得不到的东西在其心里越是神秘、可贵。

幸亏舒凡拒绝求婚，不然三毛哪里还会有这么多传奇经历，两个性情不同的人，结合在一起，不是迁就就是决裂，也许她会为了爱逆来顺受，过着舒凡指定的按部就班的生活，也许那会是长痛。

爱情是盲目的，没有什么标准来衡量测定，所以应该遵从自己的本心，捕捉一刹那的碰撞，像——《怦然心动》。爱情不是感动也不是日久生情，而是真正的心灵契合。舒凡显然不是那个人，他都不懂得三毛的烦忧（三毛说，还是很感谢他，他让我懂得了爱的滋味；对于舒凡，陈父也是感谢，至少这个男孩子让他的女儿体会了除父母之外的男女情爱）。

张爱玲说：于千万人之中，时间的无涯的荒野里，正巧赶上了，也说一句，“哦，你也在这里！”

贾宝玉看到林黛玉，说：“这个妹妹我见过。”

爱情是一种感觉。

在西班牙，圣诞夜十二点一过，邻居们就要向左邻右舍一家一家的恭贺，说：“平安。”三毛正在徐伯伯家过节，一个叫Jose的男孩子从楼上跑下来——“我第一眼看见他时，触电了一般，心想，世界上怎么会有这么英俊的男孩子？如果有一天可以做他的妻子，在虚荣心上，也该是一种满足了。”这男孩子便是不满十八岁的荷西（和曦，是三毛给他取的中国名字，可是他说，那个“曦”字实在太难写了，他学不会，所以三毛就教他写这个顺口喊出来的“荷西”了）。

三毛经常去徐伯伯家玩，荷西就住在附近，所以两人经常见面。他们在公寓后面那个大院子里打棒球，或在下雪的日子里打雪仗，有时也一齐去逛旧货市场。口袋里没什么钱，常常从早上九点逛到下午四点，可能只买了一支鸟羽毛。

有一天三毛在书院宿舍里读书，她的西班牙朋友跑来告诉她：

“Echo，楼下你的表弟来找你了。”（“表弟”在西班牙文里带有嘲弄的意思。）她们不断地叫着：“表弟来啰！表弟来啰！”三毛跑到阳台上去看，原来是荷西那孩子，抱了几本书，手中捏着一顶他常戴的法国帽，很紧张的样子——总觉得荷西是个很幸福的孩子，因为到最后埋葬他的人就是他的初恋，接近于金庸所说的爱情最高境界。

小荷西不敢进会客室，站在书院外的一棵大树下等三毛，三毛就匆匆忙忙地跑下来，一脸不悦还气呼呼的，她推了他一把说：“你怎么来了？”他不说话。她紧接着问：“你的课不是还没有上完吗？”他答道：“最后两节不想上了。”看着这个像受审似的小兄弟，她又问：“你来做什么？”因为三毛总觉得自己比他大了很多，所以总是以一个姐姐的口气在教训他。倔强的小荷西在口袋里掏出了十四块西币来，极其认真地说：“我有十四块钱，正好够买两个人的入场券，我们一起去看电影好吗？但是要走路去，因为已经没有车钱了。”三毛看了他一眼，敏感地觉得这个小孩子有点不对劲了，但是她还是答应了他，并且建议去看附近电影院的电影，这样就不需要车钱。第二天他又逃课来了，第三天、第四天……

于是树下那个手里总是捏着一顶法国帽而不戴上去的小男孩，变成了三毛宿舍里的一个笑话，她们总是喊：“表弟又来啰！”渐渐地三毛觉得他们的交往不能再继续下去了，因为这个男孩子认真了，三毛不得不考虑现实问题：他大学还没有念，他比她小那么多——但老实说她心里实在是满喜欢他的。

直到有一天，小荷西很认真地对三毛说：“再等我六年，让我四年念大学，两年服兵役，六年以后我们可以结婚了，我一生的向往就是有一个很小的公寓，里面有一个像你这样的太太，然后我去赚钱养活你，这是我一生最幸福的梦想。”三毛听了这个梦想，几乎感动得要流下眼泪来，他是真爱她的，以前她不是曾对别人也有过这样的痴心吗？她知道这份感情多么难得，但是六年的时间太长了，人生的变数太大，到时候自己都不知道自己已经去了哪里，经历什么样的人，什么样的生活，她怕自己等不了六年，所以说：“从今天起你不要再来找我了……不可以来缠我，你来缠的话，我是会怕的。”小荷西吓了一跳，一个劲儿地问自己做错了什么，哪里是他做错了什么，他对三毛的好让她害怕，害怕这份感情，害怕伤害这个真诚单纯的孩子。在长椅上，她站起来，他也跟着站起来，一齐走到马德里皇宫的一个公园里，园里有个小坡，她跟他说：“我站在这里看你走，这是最后一次看你，你永远不要再回来了。”

荷西说，“不要把我当孩子，不要害怕，我不会来缠你的。”他一面跑一面回头，一面跑一面回头，脸上还挂着笑，口中喊着：“Echo再见！Echo再见！”三毛永远忘不了这场景，荷西在那片大草坡上跑着，一手挥着法国帽，频频回头，仿若秋花迟迟，不肯落去，但最终消失在黑茫茫的夜色与白皑皑的雪地里，当时三毛几乎忍不住喊叫起来：“荷西！你回来吧！”

为了让荷西彻底死心，三毛开始交男朋友。

其中有一个日本同学，同班的，家境好，还在读书，马德里最豪华的一家日本餐馆就给他开出来了。

这个日本同学对三毛好到接近乱宠，不过她不收他贵重的礼物，只敢收巧克力和鲜花，她的宿舍里就摆满了他送的鲜花。后来日本人买了一辆新车要当作订婚礼物，当时宿舍里包括修女舍监都对三毛说：“嫁，嫁。这么爱你的人不嫁，难道让他跑了吗？”

她当然没有收下人家的汽车，还紧张地流下眼泪来，那个日本人见状立刻说：“不嫁没关系，我可以等，是我太急了，吓到了你，对不起。”

她最终伤了那个日本人的心，有别的日本同学来劝她，说日本人竟然要自杀。后来，他常常在宿舍门外的大树下站着，看微雨中双飞的燕子，怅怅然的仿佛在等什么人，三毛躲在二楼窗帘后面望他，心里一直用日文向他说：“对不起，对不起。”

学业结束之后，三毛去了德国。

她在德国有一个已经交往了两年的男朋友，名叫约根，在外交部做事。有一天，约根拉了三毛去百货公司，问她一床被单的颜色，她说好看，他就买下了——是双人被单。他们在天寒地冻的街道上行走，谁也不说话，这是一个缺乏浪漫的男人，而且还有些自以为是，总是一副外交官的架势。当时她只觉得冷，突然想发脾气。他终于有所觉察，一个劲儿地问怎么了，三毛就是不肯说话。他思索着，他不愿意惹她不高兴——他们回到百货公司，把床单退了。这代表着把他们的订情之物退了，代表着她回绝了他的自以为是。

在餐馆吃烤鸡的时候，他拿起鸡，正要吃时，突然迸出了眼泪。显然，他是爱她的，但拙于表达。

一年后，这个德国朋友在西柏林机场送三毛上机——她要去美国——上机的时候，他说：“等我做了领事时，你嫁，好不好？我可以等。”像那个在政治上侃侃而谈在女人面前却不得人心的赵辛楣，钱钟书说，“他最擅长用外国话演说，响亮流利的美国话像天心里转滚的雷，擦了油，打上蜡，一滑就是半个上空。不过，演讲是站在台上，居高临下的；求婚是矮着半身子，仰面恳请的。苏小姐不是听众，赵辛楣有本领使不出来。”约根也终于求婚了。然而，他等了二十二年，已经是大使了，还在等。赵辛楣当年等苏文纨时间也不短吧，但是苏小姐和三毛都嫁了别人。

如果没有一技之长，在美国是无法生存的。三毛没有听从堂兄劝她留在德国的话，还是去了美国。她在伊利诺大学法律系图书馆谋得一个职位，才和堂兄通信。堂兄发现她在的大学里恰好有他研究所以前的中国同学，立即拨了长途电话，让那位正在读化学博士的朋友就近照顾孤零零的堂妹。

这位好心的化学博士每天中午送饭给三毛，渐渐地，他变得忧伤起来——有人说当你爱上一个人的时候就会变得伤感，因为爱比不爱更寂寞。忽然有一天，他对三毛说：“现在我照顾你，等哪一年你肯开始下厨房煮饭给我和我们的孩子吃呢？”那时候，追他的女同学很多很多，小堂哥在长途电话里也语重心长的跟三毛讲：“妹妹，我这同学人太好，你应该做聪明人，懂得我的鼓励，不要错过了这么踏实的人。”她在电话中听话地应着：“我知道，我知道。”挂下电话，目光伸向窗外白雪茫茫的夜晚，她竟然又哗哗地流下眼泪来，心好似要向一件事情去妥协而感到那么的不快乐。

当三毛下决心离开美国回中国台湾来时，那好人送她上机去纽约看哥哥再转机回台。他说：“我们结婚好么？你回去，我等放假就去中国台湾。”三毛没有说什么，伸手替他理了一理大衣的领子。等她人一到纽约，长途电话就追来了：“我们现在结婚好么？”她想他是好的，很好的，可以信赖也可以亲近的，可是被人问到这样的问题时，心里为什么好像死掉一样。

记得很多年前一个女孩子相亲、定婚，她不赞同，也没反对，听之任之。有一天在餐桌上，父亲说，人家很快，定了就要娶过去了。听了这话，她的眼泪哗地掉下来，那时的心境就和三毛一样吧。

感觉不对，什么都不对。

金庸认为最理想的爱情最好是一见钟情，从一而终与白头偕老。显然，三毛对这个人没有一见钟情，甚至没有心动，有朋友说，“我从来没有遇到过让我心动的人。”这句话让我突然之间就想到范柳原说的“我看那是最悲哀的一首诗……”我看这句话也是最悲哀的一句话，就像生命上那个缺口。

三毛不会让自己的生命有缺口，“那些都是很好很好的，可是我偏不喜欢。”

三毛回到中国台湾，打网球时又认识了一个德国朋友。她笑着调侃：“我在西班牙讲日文，在德国讲英文，在美国讲中文，在中国台湾讲德文。这人生——”

一年之后，这个德国朋友在台北的星空下问三毛：“我们结婚好吗？”

她说：“好。”清清楚楚的，没有一丝犹豫，没有一点含糊。

是太累了吗？是想安栖？三毛说“好”的那一霎间，内心相当平静，倒是四十五岁的德国朋友，红了眼睛。他不是可爱之人，却是可亲之人。三毛一定是流浪的累了，经历了一次又一次的感情伤痛，终于看见了可以托付终身的亲人。

那天早晨他们去印名片。名片是两个人的名字排在一起，一面德文，一面中文。挑了好久的字体，选了薄木片的质地，一再向重庆南路那家印刷店说，“半个月以后，要准时给我们。”

二十几年过去了，那盒名片仍旧存在印刷店里，有些事情是没有结尾的结局，当年安心地说“好”的那句话还在耳边，挑好名片的那个晚上，三毛今生心甘情愿要嫁又可嫁的人，死了。像一场闹剧，在冥冥中被捉弄。三毛总是疯狂地陷于爱情，但每次都是执子之手，却不能与子偕老。她的爱情是多灾多难的。

医生说，心脏病嘛，难道以前不晓得。

那一回，三毛吞了药，却又被救活了。

三毛再次离开中国台湾，回西班牙去了。

荷西，我来了

冥冥中总有一股力量牵引着，在这个世界上，总有一个人与你互相吸引，《1Q84》里说："你是在有形意志的引导下，带着目的来到这个世界，来到这个1Q84年的世界。你和天吾君不管是以什么形式在这里产生联系，都绝不是偶然的产物。因为你和天吾君强烈地相互吸引。"

与三毛互相吸引的那个人是否就在西班牙？！

在中国台湾时，一位西班牙的朋友对三毛说："你还记不记得那个Jose呀！他现在不同了，留了胡子，也长大了。"朋友拿出荷西写的一封信问三毛要不要看，三毛当然要看，但那位朋友又说："他说如果你已经把他给忘了，就不要看这封信了。"当别人将你忘记的时候回来是不明智的，他不确定她是否记得他，但他却一刻未曾忘记她。绢帕悬相思，无意中遗落的南国红豆此时已发芽，信封内照片上的荷西已不再是当年稚气孩童，留了大胡子，穿着泳裤在水里抓鱼。见此景三毛惊呼："这是希腊神话里的海神嘛！"

山长水阔，天涯路遥，这彩笺还是寄来了，上写着："过了这么多年，也许你已经忘记了西班牙文，可是我要告诉你一个秘密，在我十八岁那个下雪的晚上，你告诉我，你不再见我了，你知道那个少年伏枕流了一夜的泪，想要自杀。这么多年来，你还记得我吗？我和你约的期限是六年。”三毛没有回信，只跟那个朋友说：“你告诉他我收到了这封信，请代我谢谢他。”

看来流水仍无意，只待天意冥冥了。此次三毛又回到了西班牙，在徐伯伯家遇见了荷西的妹妹伊丝帖，伊丝帖热情地拥抱三毛，兴奋地喊，“Echo，你回来了，真是太好了，哥哥知道了该多高兴啊。”伊丝帖把荷西服兵役的事情讲给三毛听，还说，只剩下一个月了，他很快就会回来了。她又一个劲地要三毛写信给荷西，三毛已经不会写西班牙文了，伊丝帖就将信封写好，只要三毛填里面的字，于是三毛写了一封英文的信到营区去，信里说：“荷西！我回来了，我是Echo，我在××地址。”这边风景正好，君便与落花同来，可喜坏了殷切企盼的荷西。不料那封信传遍营里，也没一个人懂英文，急得荷西抓耳挠腮，不知这信如何回，索性剪了许多潜水者的漫画寄回，并且指着其中一个说：“这就是我。”三毛没有回信，荷西就从南部打长途电话来了：“我二十三日要回马德里，你等我噢！”到了那天三毛完全忘了这件事，与另一个同学跑到一个小城去玩，当她回家时，同室的女友告诉她有个男孩打了十几个电话找她，想来想去，怎么也想不起会是哪个男孩找她。正在这时她接到一位太太的电话，说是有件很要紧的事与她商量，要她坐计程车去她那儿。三毛赶忙乘计程车赶到那位太太家，那位太太把三毛接进客厅后，要她闭上眼睛。当她闭上眼睛时，听到有脚步声向她走来，突然，背后一双手臂拥抱她，三毛打了个寒颤，眼睛一张开，就看到荷西站在眼前了，她兴奋得尖叫起来，他揽着她兜圈子，一条曳地长裙飞了起来，她尖叫着不停地捶打着他，又忍不住捧住他的脸亲他。站在客厅外的人，都开怀大笑。

一天下午，荷西邀请三毛到他家去，黄昏的阳光斜照进他的房间，三毛看着墙壁不由得惊呆了：整面墙都贴满了三毛的照片，这些被放大的黑白照片已经泛黄了。她好奇地问他从哪弄来这些照片，因为她从没寄过照片给他。

原来都是荷西去徐伯伯家玩时，看到三毛寄来的照片放在一个盒子里，就悄悄地偷出来，拿到照相馆做底片放大，然后再把原来的照片放回盒子里去。看着这些照片，家里人时常笑他是个大傻瓜，他却一个人乐滋滋地守着这堆照片，等着这个中国姑娘有一天回到他的身边，他还记得那个六年之约呢！

三毛的心一下子被触动了，就像六年前第一眼见到还是孩子的荷西时的感觉，做他的妻子该是多么幸福的事。连想都没想，三毛脱口而出："你是不是还想和我结婚？"此时的三毛根本没考虑什么年龄问题。

听了这话，荷西一时呆住了，望着三毛。三毛说："你不是说六年吗？我现在站在你的面前了。"三毛突然忍不住哭了起来，她心里想，也许太晚了，太晚了，所以接着说："还是不要好了，不要了。"荷西这才醒悟，大叫着："天哪，太好了，太好了。"又听三毛说不要，他忙问，"为什么？怎么不要？"那时三毛的新愁旧恨突然都涌了出来，她对他说："你那时为什么不要我？如果那时候你坚持要我的话，我还是一个好好的人，今天回来，心已经碎了。"他说："碎的心，可以用胶水把它粘起来。"她说："粘过后，还是有缝的。"他就把她的手拉向他的胸口说："这边还有一颗，是黄金做的，把你那颗拿过来，我们交换一下吧！"

换我心，为你心，始知相忆深。七个月后荷西和三毛结婚了。

我只是感觉冥冥中都有安排，感谢上帝，给了我六年这么美满的生活，我曾经在书上说过：“在结婚以前我没有疯狂的恋爱过，但在我结婚的时候，我却有这么大的信心，把我的手交在他的手里，后来我发觉我的决定是对的。”如果他继续活下去，我仍要说我对这个婚姻永远不后悔。所以我认为年龄、经济、国籍，甚至于学识都不是择偶的条件，固然对一般人来说这些条件当然都是重要的，但是我认为最重要的，还是彼此的品格和心灵，这才是我们所要讲求的所谓“门当户对”的东西。

爱一个人没有条件，可是爱上一个人是有条件的。或者是金钱，或者是美貌，或者是才识，或者是心意相通，或者兴味相投，《心经》里绫卿说，在一定的范围内，我是人尽可夫的。这个一定的范围即是条件。当下《非诚勿扰》里的男男女女就是绫卿，绫卿是为了钱，他们呢？也为了某些条件，也在一定范围内，是人尽可夫的，或是人尽可妻的。这一点无需置喙，自古以来，就讲究“门当户对”，婚姻是很现实的，若不对等，必从天平上摔下来，只是条件有高贵卑琐之分罢了。徐志摩说，“我将于茫茫人海中寻访我唯一之灵魂伴侣。”三毛也是讲品格和心灵的。

有歌词说，“始终不明白/爱能被取代/困惑的我不敢再伸手去爱。”三毛不是脆弱的依人小鸟，不是固执一根筋的人，她有一颗强壮的心，每一天，每一次，都会去拥抱生活和爱情，她懂得，一个人取代你的时候，你或许也在取代另外一个人，因为《十年》又说，“直到和你做了多年朋友/才明白我的眼泪/不是只为你而流/也为别人而流。”

过往总总，全被荷西取代了。三毛这颗千疮百孔的心终于有了一个温暖的港湾可停泊。

从某种意义上说，荷西与三毛是同种人，他们热情而单纯，都有一股孩子气，热爱生活胜于真理。

荷西喜欢户外活动，三毛也喜欢观察各色各样的人。有一年，恋爱中的荷西和三毛在马德里的一个大公园里散步，是清早六点半——那时三毛替《实业世界》写稿，那天已到交稿的最后一天了，烦得不得了。她对荷西说：“明天不跟你见面了，因为我一定要交稿了。”荷西说：“这样好了，明天清早我再带你来公园走，走到后来，你的文章就会出来了。”三毛不听他这些“歪论”，自顾满脑子想着文章的事，这时，她忽然看到高高的树上，一个园丁正一丝不苟地拉锯，要锯掉多余的树枝，呵，这么冷的冬天，这样的大清早——

三毛不由得对荷西说：“他们好可怜，这么冷，还要待在树上。”荷西却说了这样一句话，“我觉得那些被关在方盒子里办公，对着数字的人，才是天下最可怜的。如果让我选择，我一定要做那树上的人，不做那银行上班的人。”

看，多让人感动的赤子之心，个子长大了，胡子长长了，却还是那样一颗简单的孩子心。简单的人容易幸福。在电影《第七封印》里，布洛克望着马戏团一家简单的快乐，不由神往，他追问到底哪种生活值得度过，是应该过这种简单的日子还是追求真理?

三毛不是布洛克，没有那么纠结，她听了荷西的这番话，回家就写了封信给杂志编辑说，“对不起，下个月的专栏要开天窗了，我不写了。”

三毛后来说，“我的写作生活，就是我的爱情生活；我的人生观，就是我的爱情观……我的作品几乎全是传记文学式的。不真实的事情，我写不来。”生活即生活，这是一种近乎天然的情怀。

三毛十四五岁时就开始投稿，作品不多，零零散散的短篇小说和散文，发表在《现代文学》《皇冠》《幼狮文艺》之类的刊物上，那时候的文字苍白、忧郁、迷惘，充满了对生命、真理固执的探索，但是她后期的作品，尤其是撒哈拉的一系列故事，健康、豁达、洒脱不羁。“离开台湾以后，我就没有再接触过诗、书和文学了。等《中国饭店》写出来以后，一看，我就说，这不是文学。跟我以前的作品完全不一样。我忽然有一种说不出的伤感，我变了，我所写的，不再是我过去关心的人生，现在所写的，都是我的生活，技巧上不成熟，只是平铺直叙述说生活。”

三毛的感伤是一种谦虚，其实，生活本身才是更真实更值得的表述。“此中有真味，欲辨已忘言。”三毛的撒哈拉充满人生真味。

第二章

远走撒哈拉沙漠

Francis Picabia

野性文明的浪漫

这一年冬天，荷西和三毛并排坐在公园里的长椅上，一边闲闲地喂麻雀，一边聊天。

荷西喜欢潜水，所以打算明年夏天跟几个朋友驾帆船航海，到希腊的爱琴海潜水。这个计划吸引了三毛，但是三毛早就有了复活节之后去撒哈拉沙漠的计划。

一次偶然的机会，三毛在《国家地理》杂志上看到关于撒哈拉沙漠的报道，漫漫黄沙立即吸引了她，她开始有探索沙漠的念头。三毛说她的前世是印第安人，那些与世隔绝，没有接触过现代文明和高科技，一生和族人生活在一起过着简单的日子的人，他们知足常乐，懂得感恩，没有贪厌不足的欲望，这正与沙漠里的土著人酷似。所以，三毛说是去寻找前世的乡愁。

这是一个诗意且浪漫的想法，大家都觉得她在开玩笑——一个女人怎么能够单独闯荡荒沙大漠呢？当时只有热爱运动的父亲支持她这个想法。

复活节一过，连荷西也在三毛眼前消失了，三毛倒也没在意。

忽然有一天，她收到一封信。荷西在信里告诉她，他已经在沙漠里的一家磷矿公司申请到一个职位，安排好一切就等着三毛过去了。有些人只说不做，有些人只做不说，荷西显然是后者。

他并不是一个浪漫的人，然而他这率性的举动比任何人都给三毛以浪漫的感觉。他们之间并没有过特别激烈的你死我活的爱情，然而荷西每次都能带给她感动，这感动也是平淡且自然的，让她觉得舒服。

荷西还说，“我想得很清楚，要留住你在我身边，只有跟你结婚，要不然我的心永远不能减去这份痛楚的感觉。我们夏天在沙漠结婚好吗？我在沙漠等着你。”

求婚的成功与否在于求婚者当时给予对方的感受，荷西的真诚反衬出了约根的霸道，怪不得三毛那时候想哭，现在也想哭，不过不是委屈，而是激动，“愿得一心人，白首不相离。”荷西就是那个对她一心的人。我们不能嘲笑荷西的孩子气，更不能嘲笑他的痴情，只有感动，越纯真的人越懂得感动。而另一些人，已经被这个浮躁的世界整得玩世不恭了。

一个朋友说结婚只是一种形式，没有必要看到别人结婚了自己也结婚。我以前也是这么想的，自从认识了一个人以后，就看出了这种论调是多么虚伪。还以为自己是萨特，却忘了萨特没结婚，萨特与波伏瓦之间的爱情是对等的。而他却一边享受着自己妻女的天伦之乐，一边让别的女子日夜等待着他的垂怜。“这是人家自愿的，”他说，“爱情是无私的，爱意味着奉献，而不是对等交换。”他用“婚姻只是一种形式”来宽慰和劝阻那些女子。

世间男子，猥琐至此，情何以堪。

怪不得吕碧城一生未嫁，因为没有一个男人可以配得上她；奥地利女孩韦格先后嫁了六次，可是没有一个男人令她倾心，她自杀了。

结婚的确只是一种形式，但只有这种形式能够把虚无缥缈的爱情固定下来。就像文字固定了思绪。

张爱玲说，结婚是一个男人对一个女人最大的赞美。是啊，他都要跟她结婚，他竟然敢跟她一辈子绑在一起，这得需要多大的勇气，得需要多少爱啊，得是多么的喜欢和依恋啊！爱情不一定要用结婚来证明，但结婚是爱情证明的一种。

三毛说，“婚姻是世界上最好的事情之一；对男孩女孩都一样。”前一天还跟同伴出去疯玩，三更半夜才披头散发地回来，第二天，就已经整理行装待发了，这就是三毛，说走就走。她给同伴们留了一封信，“走了，结婚去了，珍重也不再见！”

“结婚去了。”透露着兴奋还有潇洒。“在这个人为了爱情去沙漠里受苦时，我心里已经决定要跟他天涯海角一辈子流浪下去了。”荷西为三毛去沙漠，三毛为荷西留在沙漠。

撒哈拉沙漠是世界上最大的沙漠，黄沙漫漫，终年乏雨，因空旷而天低与地平。

当三毛提着简单的行李走下飞机时，久候在机场的荷西走过来，三个月的沙漠生活已经让他变了一副模样，卡其布土色如军装式的衬衫，牛仔裤，大胡子上落满了灰尘，脸色也被沙漠的骄阳晒成黑红色，嘴唇早已干裂了。看着眼前的荷西，三毛顿时感到，沙漠生活绝不是她想象中的浪漫，接下来的生活一定是严苛的，冷酷的，但是面对“无际的黄沙上有寂寞的大风呜咽地吹过，天，是高的，地是沉厚雄壮而安静的。落日将沙漠染成鲜血的红色，凄艳恐怖……”她受了诱惑，感受到大地一片诗意的苍凉。

荷西扛起她的行李箱，她背着背包，一手提着枕头套，一路跟着荷西走向他在阿雍城外租的房子，他们转进一个斜坡，就走上了一条大路，远处炊烟袅袅，人家四五，倒像一幅乡村小景，不过中国的小桥流水人家是水墨画，这里是油画，浓墨重彩，大帐篷，铁皮屋，几只单峰骆驼和成群的山羊。

一个粗壮的男人穿着深蓝色的衣服站在帐篷外，粗砺的脸孔。这就是沙哈拉威人（意为“沙漠的居民”）。

有了人的地方，就有了说不出的生气，大概是有终于从幻境走回人间的感觉，她被这勃勃的生气感染，被这茁壮的生命感染，被这原初的生存状态感染。

生命，在这样荒僻落后而贫苦的地方，一样欣欣向荣地滋长着，它，并不是挣扎着在生存，对于沙漠的居民而言，他们在此地的生老病死都好似是如此自然的事。我看着那些上升的烟火，觉得他们安详得近乎优雅起来。

自由自在的生活，在我的解释里，就是精神的文明。

终于走进了一条长街，夕阳下，空心砖的房子垒得四四方方，稀疏地散落在街道两旁。三毛特别看到连在一排的房子的最后一幢，看上去最小，有一扇长圆形的拱门，直觉告诉她，那一定是他们的房子了。

果然没错，荷西朝着那间小屋走去。他汗流浃背地将大箱子丢在门口，说：“到了，这就是我们的家。”三毛矗立着，望向前方，对面垃圾场五颜六色，再前方是一片波浪似的沙谷，沙谷尽头便是广大的天空。家后面呢，荒凉的高坡上暴露着杂七杂八的大块硬石头，还有硬土，没有沙。邻居们的屋子里看不到一个人，只有不断的风剧烈地吹拂着三毛的头发和长裙。

荷西把她从背后抱起来，说："我们的第一个家，我抱你进去，从今以后你是我的太太了。"三毛忽然觉得，"这是一种很平淡深远的结合，我从来没有热烈地爱过他，但是我一样觉得十分幸福而舒适。"

到了走廊尽头，三毛从荷西身上挣脱出来，赶紧去看房间。房间小得可怜，她天真地去用脚步丈量，横四大步，直五大步。厨房里有一个污黄色的、裂了的水槽，还有一个水泥砌的平台。而浴室的白浴缸倒把她惊住了——完全是达达派的艺术品——不实际去用它，它就是雕塑。

后来听荷西说他也买了一只羊，正放在群里跟邻居的混养，这倒让她惊喜了一大阵子。

然而接下来的还要解决民生问题，他们要去买个水箱；一油桶水九十块钱；蔬菜嘛更不必说了。

三毛有些黯然。

而路上皇宫一样的四星级"国家旅馆"在他们面前招摇着。

付钱的时候，三毛拿出枕头套。荷西看着枕头套里那么一大堆钱，吓了一跳，说，"明天早晨我们就存进银行，你——今后就用我赚的薪水过日子，好歹都要过下去。"他觉得她不可能长期待在沙漠，来游玩可以，真的要在这里生活——三毛有些愤怒，因为他以为她虚荣或者娇气……

东西贵得令人灰心！

三毛开始打扮这个小家，买盘子、刀叉、席子、刷子……

从房东那里借了点水，煮熟的白米饭仿佛放了盐。

三毛约了一位西班牙邻居去买淡水，十升重的桶，自己总是落在后面，被邻居笑；煤气用完了，她提不动桶，就借了邻居的铁皮炭炉子，蹲在门外扇火，烟呛得眼泪流个不停。她想，幸亏母亲没有千里眼，不然“她美丽的面颊要为她最爱的女儿浸湿了——我的女儿是我们捧在手里，掌上明珠也似的抚养大的啊！她一定会这样软弱地哭出来。”三毛自己并不气馁，人，多几种生活的经验总是可贵的事。

家里没有书报，没有电视，没有收音机，三毛一个人在家的时候就坐在席子上，听窗外吹过如泣如诉的风声。终于忍受不了这种孤寂，每当荷西要出门上班的时候，她都会悲从中来，跑到他前面去，用胳膊挡着门，一边喘着气，一边哀求道：“你留下来行不行？求求你，今天又没有电，我很寂寞。”

荷西总是很难过，但他还是要去上班，他想赶在结婚之前多攒一些钱。

“不要多赚了，我们银行有钱，不要拼命工作了。”

“银行的钱，将来请父亲借我们买幢小房子。生活费我多赚给你，忍耐一下，结婚后我就不再加班了……”他将她用力抱了一下，就往回推。她看着他在远远的星空下朝这边挥手，“每一次离别都像诀别。”大概就是这样的情景吧。

有时候，荷西去同事家里聚会，若是那家正好也有家眷，便在夜间开了车来叫三毛。“三毛，来我们家吃晚饭，看电视，我们再送你回来，不要一个人闷着。”她知道他们的好意里有怜悯的成分，就骄傲地拒绝掉。那一阵，她像个受伤的野兽一样，一点点小事情都会触怒她，继而软弱地痛哭。

但是这一切并没有让三毛退缩，她仍旧在沙漠里坚韧地活下去——为着沙漠的美与荷西的爱情，便将愁心寄了明月。

三毛说："只有在深入大漠里，看日出日落时那一群群飞奔而去的野羚羊的美景时，我的心才忘记了现实生活的枯燥和艰苦。"美是最能够安慰人心的东西，她所爱的还是这种野性的精神文明而非飞速发达的现代文明，"我的半生，飘流过很多国家。高度文明的社会，我住过，看透，也尝够了……"她的心不在钢筋混凝土中间，不在行色匆匆、朝九晚五的人群之间，不在尔虞我诈、斤斤计较的社会机器之中。而现代文明人，陷于习惯性思维，囿于社会规范之内，他们的生命几十年如一日地绕着圈子，永远没有一丝独特的闪光；他们看不见圈子外的蜜糖，沙漠里的绿洲，日子每天都在复制，心在孤岛上终老。

一个沙漠里的君王

三毛说，“我没有厌恶沙漠，我只是在习惯它的过程里受到了小小的挫折。”

第二天，她便拿着荷西事先写好的单子去镇上很大的一家材料店问价钱。要到两万五千块以上，木料还缺货。她谢了他们走出来，预计做家具的钱是不够买几块板的了。

当她走过这家店外的广场，突然看见一大堆长木箱，用铁皮包钉的极大的木条，像是没人要了，大概是店里丢在这里的，她赶紧跑回店去，问，“你们外面的空木箱是不是可以送给我？”说这些话时，她的脸涨红了，还从来没有这样为了几块木板求过人。老板很和气地说：“可以，可以，你爱拿几个都拿去。”

她怯怯地问（中国人的节制习惯）：“我想要五个，会不会太多？”

三毛得到了老板的同意，马上去沙哈拉威人聚集的广场叫了两辆驴车，将五个空木箱装上车。同时买了锯子、榔头、软尺、两斤大小不同的钉子，又买了滑轮、麻绳和粗的磨砂纸。三毛一路上跟在驴车的后面，几乎是吹着口哨走的。

“我居然会为了几个空木箱这么的欢悦起来。”

在沙漠里待了三个月，人就变了，变得可爱，在乎起琐事来，还为自己的“小家子气”洋洋自得——海子说的，我们要关心木柴和蔬菜，粮食和我们的马儿（三毛有只羊，但不认她和荷西，终归成了房东的），这样才是面朝大海春暖花开的幸福人。到了家，箱子挤不进门。三毛不放心放在门外，怕邻居来拾了她的宝贝去。那一整天，每隔五分钟就开门去看木箱还在不在。这样紧张到黄昏，才看见荷西的身影在地平线上出现了。赶紧招呼他做了个滑车，一起把那些宝贝木头吊上天台。

即便沙哈拉威人一辈子坐在席子上，三毛他们还是一定要做家具。

天台上堆满了两人高的厚木条，三毛从镇上回来后，木堆已经变成一人半高了——邻居拿去压羊栏了。她不能一直坐在天台上守望，只好去对面垃圾场捡了好几个空罐头，打了洞，将它们挂在木堆四周，有人偷宝贝，就会响，她好上去捉。但还是被风骗了十几次，风吹过，罐子也会响……

“生命的过程，无论是阳春白雪，青菜豆腐，我都得尝尝是什么滋味，才不枉来走这么一遭啊！”生命是一种体验，而不是一种结果。经历的多了，就悟了道——这是三毛的收获——看到“长河落日圆，大漠荒烟直”，不由得不去想“古道西风瘦马，夕阳西下，断肠人在天涯——”即使做了那断肠人，又有什么了不起？“没什么了不起。”三毛如是说。

终于盼到了星期五，荷西回家来，他们开始一起努力改善环境，荷西在烛光下细细地画出了很多图样的家具式样叫三毛挑，她挑了最简单的。动工了，三毛坐在木板上，荷西要先把尺寸全部锯出来，然后再让三毛把锯出来的木板写上号码。

一小时一小时的过去，太阳升过头顶，三毛把毛巾搭在荷西的头上，又替他擦防晒油，还时不时地喝口水，荷西却像西西弗一样不停地推着他的巨石，三毛被晒得看见天地都在慢慢地旋转，她望着不说一句话的荷西，忽然感到有这样一个丈夫是件骄傲的事。

果是黾勉同心，成果也就斐然在前了。夜里，他们终于有了张桌子。

吃饭时荷西突然笑起来，“你知道我们这些木箱原来是装什么东西来的？那天马丁那个卡车司机告诉我。”三毛一个劲地猜，总猜不准。荷西说，“是——棺——材。五金建材店从西班牙买了十五口棺材来。”

三毛恍然大悟，这时才想起，五金店的老板很和气地问她家里有几个人，原来是这个道理。

经过近三个月的文件旅行，有一天，他们被法院通知，可以结婚了。两人一起出门打电报给自己的父母。三毛写：明天结婚，三毛。大概是最简单的结婚宣告了，荷西的电报文却含了些感情，但又觉得滑稽：“对不起，临时通知你们，我们事先也不知道明天结婚。请原谅。”

因为是第二天下午6点结婚，荷西没来得及请假，当天还是照常去上班，下午回来，把倒在家里席子上睡觉的三毛叫起来，三毛看见他手上捧着的大盒子，抢着拆开，还以为是鲜花，打开一看，一阵惊喜，原来是一副完整的骆驼头骨。这奇异的、奢侈的礼物正配合三毛特别的嗜好，她把它放在书架上。

然后两人赶紧梳洗打扮，荷西修剪了一下他那把大胡子，三毛穿了一件细麻长衣——她一向喜欢穿长衣，飘逸、潇洒、与众不同，头发放下来，戴一顶阔边草帽，然后觉得还缺了什么，临走又跑到厨房抓了一把芹菜别在草帽上，看上去也别有一番风味。

三毛这副田园装扮加上荷西的随意，在法院里一出现（法院的人个个西装领带），倒真成了异乡人（三毛最喜欢加缪的《异乡人》）。

结婚有结婚的好处，荷西的早班乘车证，结婚补助，房租津贴，减税，社会健康保险——都来了，公司答应给两万块的家具补助费，薪水加了七千多，税减了，房租津贴给六千五一个月，还给了半个月的婚假。三毛说，“我们因为在结婚证书上签了字，居然在经济上有很大的改善，我因此不再反传统了，结婚是有好处的。”

这时，家已经像个家了，有一个书架，一张桌子，在卧室空间架好了长排的挂衣柜，厨房有一个小茶几塞在炊事台下放油糖瓶，还有新的沙漠麻布的彩色条纹的窗帘——

结婚的蜜月，他们请了向导，租了吉普车，往西走，经过马克贝斯进入阿尔及利亚，再转回西属撒哈拉，由斯马拉斜进入毛里塔尼亚，直到新内加边界，再由另外一条路上升到西属沙漠下方的维亚西纳略，这才回到阿雍来。

结婚补助，房租津贴，统统发下来了。荷西下班后，跑斜坡近路回来，一进门就将钱从每一个口袋里掏出来，丢在地上，绿绿的一大堆。

在三毛看来，也许不惊人，但是对初出茅庐的荷西，却是生平第一次赚那么多钱。“你看，你看，现在可以买海绵垫了，可以再买一床毯子，可以有床单，有枕头，可以出去吃饭，可以再买一个存水桶，可以添新锅，新帐篷——”

两个人跪在地上对着钞票膜拜。

自古文人最讨厌提钱这个字眼，然而钱能买自由。数着钱过日子的那种情调也很美，张爱玲就说她爱钱，三毛也是在数目面前一阵阵的欣喜。她得用这一沓沓的票子点点垒筑他们的安乐窝，像筑巢的燕子，辛勤奔波又乐在其中。

把钱数清楚了，三毛笑吟吟地拿出八千块来分在一旁。

“这做什么？”荷西问。

“给你添衣服，你的长裤都磨亮了，衬衫领子都破了，袜子都是洞洞，鞋，也该有一双体面些的。”面对刚刚获得的钱财，一类女人开始打扮自己，另一类女人开始打扮自己的丈夫。三毛对荷西的面貌可是注意着呢。而荷西一向是大男人，不修边幅，“我不要，先给家，再来装修我，沙漠里用不着衣服。”

三毛自己动手做沙发，有母亲寄来的布料，陶土茶具，爱友寄来了大卷现代版书，平先生航空送了大箱的皇冠丛书，父亲的怪里怪气的海报。姐姐也向三毛进贡衣服，弟弟们最有意思，他们搞了一件和服似的浴衣来给荷西，穿上了像三船敏郎——

当母亲的棉纸灯罩低低的挂着，林怀民那张黑底白字的“灵门舞集”四个龙飞凤舞的中国书法贴在墙上时，这个家开始有了说不出的气氛和情调。

这样的家，才有了精益求精的心情。

我们总是在流浪，总是想，等有了自己的家要如何如何装扮，这样一凑合就几年甚至十几年，一直在流浪的歌手张浅潜却说，无论走到哪里，待多长时间，她都会把住的地方装置成家的模样，温馨、舒适；谁知道什么时候才能停下来，我们要过好每一天。不像我，刚来北京的时候，时刻准备着搬家，有时候，直到下一次搬家时，连行李包都没拆开呢。随时走，像无根的风，时时刻刻都生活在人心惶惶之中。

虽然是租的房子，虽然只有那么小小的，三毛还是要它有家的感觉。

荷西还从西班牙老家把他的书都搬来了，沙漠的小屋，从此有了书香（三毛想，可怜的文明人啊！跳不出这些无用的东西）。

“这个家里还差植物，没有绿意。”有一个晚上三毛对荷西说。那个晚上，他们爬进了总督家的矮墙，只见花影重重，绿意盎然。他们伸出四只手拼命挖总督的花。

“快，塞在塑胶袋里，快，还要那一棵大的爬藤的。”

“天啊，这个鬼根怎么长得那么深啊！”

突然，站在总督前门的那个卫兵慢慢踱过来了，三毛吓得魂飞胆裂，将大包塑胶袋一下塞到荷西胸前，急得说不出话。

卫兵还是把他们赶走了。

没有音乐的地方，总像一幅山水画缺了溪水、瀑布一样。为了省出录音机的钱，三毛步行到很远的“外籍兵团”福利社去买菜。

在路上看到一个雕刻的老人，她拿了他三个雕像，塞了一千块钱给他，老人嚷起来，蹒跚着追上她，她还以为他要把雕像要回去，谁知却又弯下腰拾起两只鸟的石像塞在三毛怀里，这才放她走了。

沙哈拉威邻居看见她买下这么几个雕像就花了一千块，笑得几乎快死过去，他们想，她是一个白痴。

除了雕像，家里又添了羊皮鼓，羊皮水袋，皮风箱，水烟壶，沙漠人手织的彩色大床罩，奇形怪状的风沙聚合的石头——此地人叫它沙漠的玫瑰。订的杂志也陆续地寄来了，除了西班牙文及中文的之外，当然少不了一份美国的《国家地理》杂志。

这个家，在一年以后，已成了一个真正的艺术宫殿。单身的同事们放假了，总也不厌其烦地大老远跑来坐上一整天。

没有家的人来了，三毛总想尽办法给他们吃到一些新鲜的水果和菜蔬，也做糖醋排骨。荷西就这样交到了几个对他们死心塌地的爱友。朋友们不是吃了就算了的，他们母亲千里外由西班牙寄来的火腿香肠，总也不会忘了叫荷西下班带来分给三毛，都是有良心的人。

荷西上司的太太也对人夸赞他们的家，“她的家布置得真有格调，我从没有想过，沙哈拉威人出租的房子可以被她变成画报里似的美丽。”

有一次，荷西与三毛看见一个外国记者的车陷入泥潭——他们有经验——拿出一条旧毯子，弄了快一小时，把车救到硬路上来。后来这记者来看他们，手里抱了一束玻璃纸包着的大把“天堂鸟”。

一进屋，外国记者就用英文对另外一个人轻轻地说：“天呀！我们是在撒哈拉吗？天呀！天呀！”在三毛这里可以看出，家居的布置格调如何全不在于金钱多少，而在于主人的趣味，三毛是个有品位的女人，她做起家庭主妇来自是另一番风味。

最后那两个记者想买三毛一个石像，三毛拿了一只石做的鸟给他们。她拒绝收钱，说，“对懂得欣赏它的人，它是无价的，对不懂得的人，它一文不值。”想起那些笑她花了一千元买回这几个石像的沙哈拉威人来，这两个人可真算是懂得它和懂她的人了。知音无价啊！

后来还有人来拍照，临走时对三毛说：“请转告你的先生，你们把美丽的罗马造成了。”她回答他：“罗马不是一天造成的。”

外人这么一夸赞，三毛更陶醉在这个沙地的城堡里。

真是人怕出名——房东闻风而来。

他大摆大摇地各处看了一看，厚颜无耻地说：“我早就对你们说，你们租下的是全撒哈拉最好的一幢房子，这种水准的房子，现在用以前的价格是租不到的，我想——涨房租。”他给别人的是石头，当别人把石头打磨成艺术品的时候，他又想要回去，碰上火气大的人，应该是把艺术品捣碎，说，“还你的石头。”这叫玉石俱焚，三毛自然不会捣碎辛苦搭建起来的安乐窝，她想告诉他——“你是只猪。”但是她一句话没说，拿出合约来，冷淡地丢在他面前，“你涨房租，我明天就告你。”

“你——你——你们西班牙人要欺负我们沙哈拉威人。”他居然比三毛还恼怒，把自己放在弱者的位置上，要嚷嚷出去，让所有的邻居都来看三毛的跛扈，三毛不怕，冲着他吼道：“你不是好回教徒，就算你天天祷告，你的神也不会照顾你，现在你给我滚出去。”

他也大叫起来，“涨一点钱，被你污辱我的宗教——”

“是你自己污辱你的宗教，你请出去。”

这句话一点没错，是他自己侮辱了自己的宗教，所以三毛理直气壮。

三毛将她的城堡关上，吊桥收起来，不听他在门外骂街。她放上一卷录音带，德弗乍克的“新世界”交响曲充满了房间。

“我，走到轮胎做的圆椅垫里，慢慢地坐下去，好似一个君王。”

你伤害了我的骄傲

沙哈拉威人看上去极肮脏而邋遢，给人一种穷苦而潦倒的错觉，其实能住在阿雍镇，他们是有十分安稳且可观的收入的，有正当职业，还有政府津贴，又可以把房子租给欧洲人住。三毛初到沙漠时，经常深入大漠中去旅行。每次旅行回来，都像遭了强盗似的，囊中空空，沙漠中穷苦的沙哈拉威人连她帐篷的钉都拔走，这回听说自己搬来金河大道长街上的邻居都是沙漠里的财主，很是庆幸了一阵。

邻居请他们去喝茶，三毛就教他们用水拖地、晒席子，没想到这一粘上就脱不开，不得不“亲密”起来。

三毛家门一开，妇女和小孩都涌进来，他们的生活方式和日常用具就被邻居一览无遗了。再加上两人都是和气的，这个缺点就被邻居利用起来。

每天早晨九点左右开始，就不断有小孩子来要东西。要灯泡、洋葱、汽油、棉花、吹风、熨斗、钉子、电线。也怪三毛自己偏偏有这些千奇百怪的东西，他们借了去肯定是不会还的，但不借吧，心里又过意不去。

后来邻居的小孩竟然开始伸手要钱，“给我五块钱，给我五块钱！”要钱，三毛是绝对不给的，但他们竟然有恒心，每天来缠着要。有一天三毛对房东的孩子说：“你爸爸租这个破房子给我，收我一万块，如果再给你每天五块，我不如搬家。”他们就不要钱了，只要泡泡糖。三毛一边分糖一边还乐滋滋地想，“他们不喜欢我搬走，所以不再讨钱了。”

最可怕的是有一次，一个小女孩把一只小山似的骆驼尸体拖进他们家，血流了一地，“我妈妈说，这只骆驼放在你冰箱里。”

三毛那如鞋盒一般大的冰箱自然拒绝了山一样大的骆驼，她苦笑着跟女孩开了个玩笑：“拉布，告诉你妈妈，如果她把你们家的大房子送给我做针线盒，这只驼骆就放进我的冰箱里。”因此，拉布母亲的脸绷了快一个月，她只对三毛说过一句话：“你拒绝我，伤害了我的骄傲。”

这种哭笑不得的事情还有很多。

邻近一家在医院做男助手的沙哈拉威人，因为受到了文明的洗礼，他拒绝跟家人一同用手吃饭，所以每天到了吃饭的时候，他儿子就要来敲门。“我爸爸要吃饭了，我来拿刀叉。”这是一定的开场白。这个小孩每天来借刀叉虽然会归还，三毛仍是给他弄得不胜其烦，干脆买了一套送给他，叫他不许再来了。没想到过了两天，他又出现在门口。

“怎么又来了？上一次送你的那一套呢？”三毛板着脸问他。

“我妈妈说那套刀叉是新的，要收起来。现在我爸爸要吃饭——”

“你爸爸要吃饭关我什么事——”三毛对他大吼。这个小孩子像小鸟似的缩成一团，她不忍心了，只有再借他刀叉。还不忘调侃一句：毕竟吃饭是一件重要的事。

“来而不往非礼也。”在中国似乎是这么说的。三毛也有正好缺东西的时候，炉子等着生火，她跑到隔壁房东家去要火柴，房东太太笑嘻嘻地说没有，她又去另外一家。

“给你三根，我们自己也不多了。”哈蒂耶表情生硬地对三毛说，看着人家脸色，三毛不禁生起气来，她曾借给哈蒂耶五盒，如今却被人还三根，还老大不情愿的，三毛学着沙哈拉威人口气说，“你伤害了我的骄傲。”

在沙漠里，政府每天送水一大桶，所以要小心计算好天台上水桶里的存量才能用。三毛为了参加镇上举行的“骆驼赛跑大会”，从几百里路扎营旅行的大漠里赶回家来。那天刮着大风沙，她回家来时全身都是灰沙，一进家门就冲到浴室去冲凉，希望骑骆驼时样子清洁一点，因为西班牙电视公司的驻沙漠记者答应替她拍进新闻片里。等她全身都是肥皂时，水不来了，赶紧叫荷西上天台去看水桶。“是空的，没有水。”荷西说。

三毛光脚跑上天台。水桶像一场噩梦似的空着。再一看邻居的天台，晒了数十个面粉口袋。原来她的水被它们给吃掉了，她只好把身上的肥皂用毛巾擦了一下，就跟荷西去赛骆驼了。

那个下午，所有会疯会玩的西班牙朋友都在骆驼背上飞奔赛跑，壮观极了，只有三毛站在大太阳下看别人。这些骑士跑过她身旁时，还要笑她：“胆小鬼啊！胆小鬼啊！”她怎么能告诉人家，“我不能骑骆驼的原因是怕汗出太多了，身上不但会发痒，还会冒肥皂泡泡。”

有个晚上，荷西和三毛要去国家旅馆参加一个酒会。三毛穿上精心烫好的黑色晚礼服，戴上稍微贵些的项链、耳环，走到鞋架前预备穿鞋时，却发现那双皮高跟鞋不见了，架子上一大排鞋子——球鞋、木拖鞋、平底凉鞋、布鞋、长筒靴子——没有一双可以配黑色的长礼服，她心里急起来，看见一双黑乎乎的尖头沙漠鞋安静地蹲在架子上，是姑卡的。

她飞奔到姑卡家去，一把抓起姑卡，气势汹汹地问："我的鞋呢？"姑卡慢吞吞地去找，厨房里，席子下面，羊堆里，门背后——都找遍了，找不到，她说："我妹妹穿出去玩了，现在没有。"

三毛只好换了件棉布的白衣服，一双凉鞋，混在荷西上司太太们珠光宝气的气氛里，不相称极了。坏心眼的荷西的同事还故意称赞三毛："你真好看，今天晚上你像个牧羊女一样，只差一根手杖。"

第二天早晨，姑卡提了那双已经被弄得不像样的高跟鞋来还。三毛瞪了她一眼，将鞋子一把抢过来。

"哼！你生气，生气，我还不是会生气。"姑卡的脸涨得通红，一副气得不得了的样子，愤愤地接着说，"你的鞋子在我家，我的鞋子还不是在你家，我比你还要气。"三毛听见她这荒谬透顶的解释，忍不住大笑起来，"姑卡，你应该去住疯人院。"

"姑卡，我先请问你，你再去问问所有的邻居女人，我们这个家里，除了我的'牙刷'和'丈夫'之外，还有你们不感兴趣不来借的东西吗？"

牙刷好像比鞋更有吸引力，那件事一放，姑卡连忙问："你的牙刷是什么样子的？"

三毛听了激动得大叫："出去——出去。"

姑卡一面退一面说："我只要看看牙刷，我又没有要你的丈夫，真是——"等三毛关上了门，她还听见姑卡在街上对另外一个女人大声说："你看，你看，她伤害了我的骄傲。"

你伤害了我的骄傲！

你伤害了我的骄傲！

你伤害了我的骄傲！

每个沙哈拉威人都有自己的骄傲！三毛苦笑着想，这些芳邻啊！不过，他们虽然带来这么多麻烦，却也排遣了她的寂寞。

三毛属于那种结实、泼辣、俏皮的女子，她的内心有着无所不喜的壮阔。在别人看来十分凄怆的际遇，都被她写得生气勃发，看似洒脱的三毛并不是不知愁滋味，而是她有着奔放的生命力，和一颗旷达之心。

三毛流眼泪的时候

此心安处是吾乡。千古风流人物苏东坡可谓中国最具旷达胸怀的人，他也流过几次眼泪，妻子的亡和朋友的弃。相比之下，三毛的眼泪就多了，甚至为一只羊。

沙漠里的房子，在屋顶中间总是空一块不做顶，这样荷西和三毛就生活在飞沙走石中了，他们要求房东加盖个顶，但房东充耳不闻。他们只好自己买材料，做了个黄色毛玻璃的屋顶，这样既有光线照进来，又保持了清洁。

可惜美梦做不长，总有被惊醒的一天。那天三毛在厨房内看食谱做蛋糕，忽然听到屋顶上有响动，探头一看，那块毛玻璃上映出一只大山羊的影子，三毛抓起菜刀就往通天台跑去，还没来得及上天台，就听见木条细微的断裂声，接着一声惊天动地的巨响，木条、碎玻璃如冰雹似的落下来。大山羊也跟着从天而降，落在窄小的房间里，与三毛面面相觑……

又有一次，另一只羊在天台上不怀好意地笑，三毛莫名其妙地跑上天台，一看才明白她辛苦了一年种出来的九棵盆景，二十五片叶子，全部被它吃得精光。三毛又惊又怒又伤心，举起手来，用尽全身的气力，重重地打了山羊一个大耳光，对荷西尖叫着："你看，你看——"

是谁放出了那只羊，吃了玫瑰，我的世界从此与前不同？！《小王子》中的羊被画在盒子里，为了防止它吃掉玫瑰，但现实中的羊却让人防不胜防，三毛的世界晃了晃，真让人伤心的情景啊。

记得我小时候在院子里种了一小块草珠子，新苗刚长到半尺就被羊吃了，哭了一场，等着它再长了半尺又被羊吃了，直哭到喘不上气了，那种绝望——

"这是我第一次为沙漠里的生活泄气以至流泪。"三毛说。

沙漠里的生活何止让人泄气，更有惊险。也许每想至那个惊心动魄的荒野之夜，三毛与荷西仍旧心有余悸吧。

那天，荷西下班回来，要带三毛去一个有化石小乌龟和贝壳的地方，三毛很兴奋地穿了一件拖到脚背的麻布连身裙，脚上只踏了一双拖鞋就跑出来坐进车里。

一听荷西说来回两百多里路，她不由得望了一下已经偏西的太阳，想对荷西抗议，但念在荷西的恋车情结，欲言又止。

他们沿着别人开过的车轮印前行，铺着碎石的沙地平坦地一直延伸到远方，直到看不见了。

海市蜃楼左前方有一个，右前方有两个，好似是一片片绕着小树丛的湖水。四周除了风声之外什么也听不见，死寂的大地像一个巨人一般躺在那里，它是狰狞而又凶恶的，我们在它静静展开的躯体上驶着。

“我在想，总有一天我们会死在这片荒原里。”三毛望着窗外，叹了一口气说，“我们一天到晚跑进来扰乱它，找它的化石，挖它的植物，捉它的羚羊，丢汽水瓶、纸盒子、脏东西，同时用车轮压它的身体。沙漠说它不喜欢，它要我们的命来抵偿，就是这样，呜——呜——”

沙漠里的狂风把沙子吹成了一堆堆的弧形，远远看上去都是一模一样，“它们好似一群半圆的月亮，被天空中一只大怪手抓下来，放置在撒哈拉沙漠里。”而且各个间距又相差无几，没有任何标志，没有任何凭借，人万一进了这群山里，一不小心就会迷失方向。因此三毛给它取名为迷宫山。

在这沙如雪、月如钩的迷宫山里绕，三毛心里越来越觉得不对劲，她咬咬嘴唇，说：“快七点半多了，鬼要打墙了。”

“迷信，哪里来的鬼。” 顽固如石的荷西就是不相信。

他们最终开进了湿地，三毛开车，荷西下去给她指示方向，她忽然看见他身后的泥土在冒泡泡，赶紧刹车向他大叫：“小心，小心，停——”但是荷西已经踏进这片大泥沼里去了，湿泥一下子没到他的膝盖，一时没有反应过来，他还是失重般跌了几步，泥很快没到了他大腿，他越挣扎越远了。三毛见此情景惊得如冰冻一般，张口结舌，终于想到叫他靠近身后的石头，荷西挣扎着过去，泥已经埋到他的腰部了。三毛像个疯子一样四处乱跑，希望在地上捡到一条绳子，几块木板，或者随便什么东西都好，但是四周除了沙和小石子之外，什么也没有。

她向一辆开过来的吉普车求救，车上的三个男人却企图强暴她，荷西哭也似的叫着：“我杀了你们。”三毛终于逃脱，开车快跑，后面吉普车死死追着不放。她好似要窒息了一样喘着气，一面开车，一面将四边车门都按下了锁，握住荷西藏在车里的弹簧刀……

当她逃过那些人，回来找荷西却无声无息，就以为荷西死了，她伏在驾驶盘上抖得像风里的一片落叶，恐惧得就要疯了……

最后三毛半拖半抱地把轮胎滚到泥里，把裙子脱下来用刀割成布条，接在一起系在车上，荷西拉着布条才算上了岸。

迷宫山像鬼魅似的巍然而立，在回家的路上，荷西躺在一旁，呻吟着问三毛："三毛，还要化石么？"

"要。"三毛简短地回答他，又问，"你呢？"

"我更要了。"

"什么时候再来？"

"明天下午。"

真是一样的人，经历了这场生死攸关，却说还要来。是啊，还要来，不是惊险，而是共同度过的这段时光，因为过于集中，就好像经历了几个世纪。他们都是一样天真，天不怕地不怕的人，喜欢玩，喜欢冒险。这才是投合的真意，而不是指我爱看这本书，他就非要爱看这本书不可。

情投意合是最可贵的，这样的感情才能一直走下去。何况三毛又是一个如此明理的妻子，她说："我要我的丈夫在我面前是一个完全自由的人，因为他到外面去是一个完全不自由的人，他有上司，有同事，他已受了很大的压力。为了赚钱，为了我，他才来沙漠。那为什么回家后他愿意看侦探片，我就要觉得肤浅？我怎么能要求他做一个艺术家？他像一个平原大野的男人，我不让他对我说什么甜言蜜语，但我可以完完全全了解他。"

三毛以前对结婚的看法是以爱情为主，个性的投合是不考虑的，也因此，她和舒凡注定走不到一起，她不否认自己爱过他，但是那次初恋是痛苦的、不成熟的，而另一个人（德国男友）死在她的怀里，他今天的价值就被提升了，他的死在她的心理上造成永恒的错觉。而现在，三毛与荷西，虽然没有经过热烈的爱情，“可是我对婚姻生活很有把握，因为我知道他的性情跟我很投合，我们的感情在这种投合中产生。”

在爱的前提下，彼此是可以包容一切的，而以往，她认为爱绝不是一种包容，追求理想主义的三毛总是说要真诚，不必容忍，两人相爱就可以同居，不相爱就分离。但是直到她遇到了荷西，才改变了这种观念。三毛是个脾气暴躁的人，身体一不舒服就找事跟荷西吵闹，而他一句话也不说，忍耐、包容这个“不好惹”的妻子，都是在爱的前提下。

这世间，没有两个一模一样的人，不可能每个想法印在一起都天衣无缝，爱的最高境界不是求同，而是心平气和地存异，三毛和荷西的爱便已达到一种境界了，几乎非常人所能及，比如他们曾约定不要小孩子，“如果是个女的我会把她打死，因为我会吃醋；若是个男孩，荷西要把他倒吊在阳台上，因为我会太爱那孩子。”

施舍只是同情的罪

许多沙漠朋友问：“你认为撒哈拉怎么样？”

三毛反问：“你呢？”

“我觉得它是世界上最美丽的地方。”

“你有没有看过树？有没有看过花？”

撒哈拉朋友说：“在电影上看过。但是啊，你有没有看过沙漠的星空，我们的星，都像玻璃一样——”

撒哈拉人对这片大漠有着无比的深情厚爱，三毛住久了，也有同样感觉。有一次谈到故乡，谈到内地和台湾，三毛专注且严肃地说，“想到内地，我竟觉得那是一个前世，离我是那样远，远不可及。”她的声音十分坦然，却又俏皮地笑着，这是一种历练了人事风霜之后的反璞归真。

三毛说：“他们根本就不知道什么是名，也无所谓利；他们就是沙漠里的一种产物，跟沙漠里的一块石头，一朵仙人掌上的小花一样，属于大自然……他们从不抱怨冷，不抱怨热，也许知道世局，但并不关心；如果每一个人都像撒哈拉人，这个世界不会进步，但至少和平……

更可贵的，他们是非常快乐的民族，可是并不刻意追求；这是最高的境界，也是最低的境界……”

接着，她又说：“年龄愈大，我愈能同情别人的苦痛，而我的同情不是施舍，施舍就成了同情的罪。”

殊不知，同情也是罪。尼采说：“他的同情不知羞耻：他爬入我最肮脏的角落。这最好奇的人、过于强求的人、过于同情的人不得不死。”对丑陋的人和事，我们会避开，因为首先自己都觉得羞愧，上帝是人类一切行为的目击者，所以人要杀死上帝。

三毛作为沙哈拉威人的目击者，幸好沙哈拉威人并不以为意，她对人，不只是同情，更多的是好奇。与张爱玲相比，三毛还只是小女人，有着小女人的好奇和欢乐。有一次，三毛去澡堂，自己没洗澡倒观看了澡堂一大景观：

一个很远很远住在帐篷里的沙哈拉威女人说自己四年没有洗澡了，三毛看着那一片如泥浆似的湿地：澡堂里的女人都在用一片小石头沾着水，刮自己的身体，每刮一下，身上就出现一条黑黑的浆汁似的污垢，她们不用肥皂，也不太用水，要刮得全身的脏都松了，才用水冲。另一个女人已经刮得全身的黑浆都起来了，还没有冲掉，外面一间她的孩子哭了，她光着身子跑出去，抱起婴儿，坐在地上就喂起奶来。她下巴、颈子、脸上、头发上的污水流到胸部，孩子就混着这个污水吸着乳汁。

还有一次，远远看见一个女人半躺在沙滩上，另外一个将皮带管塞进她体内，如同灌肠一样，同时将罐子提在手里，水经过管子流到她肠子里去。此情此景，直看得荷西与三毛两人心惊胆寒，三毛推了推荷西，叫他拍照，而荷西早就看呆了。灌了三次海水，那个女人忍不住呻吟起来，这条皮带管终于拉出来了，又插进另外一个女人的肚内清洗。

之后是蹲在沙地上排泄，肚内泻出了无数的脏东西，泻了一堆，真是名副其实的“春季大扫除”……

这最最原始的清洁方式让人看得目瞪口呆。

然而有一天，“我成为他们中的一分子，个性里逐渐掺杂他们的个性。不能理喻的习俗成为自然的事，甚至改善他们的原始也是不必要的。”三毛已经成了沙哈拉威人中的一员，不再好奇地观察人家的风俗习惯，不再把邻居送的骆驼肉偷偷开车扔到老远。

她还开始“悬壶济世”起来。

十岁的姑卡快要出嫁了，大腿内长了一个红色的疖子，肿得如桃核一般大，痛得躺在地上的破席上呻吟，“不行，得看医生啦！”她母亲却很坚决地说，“这个地方不能给医生看，她又快要出嫁了。”三毛只好硬着头皮再次行医，给她涂消炎药膏，服消炎特效药。这样拖了三四天，一点也没好，三毛又对姑卡的父亲说还是看医生去，得到的答案还是不行，不行。三毛急中生智，忽然想起一个中国药方，于是回家去磨豆子，做了一服中药。荷西大嚷：“这些女人不看医生，居然相信你，你自己不要走火入魔了。”三毛回他：“我是非洲巫医。”

她把黄豆糊擦在姑卡红肿的地方，又绑上纱布，第二天去看，疖子竟然发软了，几次三番，没几天完全好了。连荷西也叹息说，“你们中国人真是神秘。”

又有一天，邻居哈蒂耶陀来找三毛，说她表妹快死了，一听快死了的病号，三毛有些犹豫，想想自己的医术——“我表妹弱，头晕，眼睛慢慢看不见，很瘦，正在死去。”——哈蒂耶陀形容得如此有趣，三毛又禁不住要去行医。荷西说，“这个女人万一真的死了，还以为是你医死的，不去看医生，病死也是活该！”不管荷西怎样骂她，还是等他前脚跨出去上班，她后脚也跟着溜到了哈蒂家。一个骨瘦如柴的女孩躺在地上，黑洞洞的眼睛。三毛摸摸她，没有发烧，舌头、指甲、眼睛内也都是很健康的颜色，再问她什么地方不舒服，说是眼睛慢慢看不清，耳朵里一直在响，没有气力站起来。一来二去，望闻问诊，原来是饿的。三毛拿来维他命给她吃，另外让哈蒂煮羊汤给她喝。这样没过十天，那个被形容成正在死去的表妹，居然自己走来三毛处，精神好多了。荷西笑起来，打趣道："怎么，快死的人又治好了？"语气里竟然有些赞许三毛的意思了。

三毛的同情心并不是每一次都发挥效用，在这个轮回的世界里，死生终有时，而且，活着未必比死了更快乐，当三毛住到高级社区的时候才明白，白人的文明，比起沙哈拉威人来，更悲哀。

三毛租下的新家——这个沿海的社区里，住着大约一百多户人家，虽说它是西班牙的属地，住的却完全是北欧人，成了度假、退休、居留的一小块乐土。

这儿阳光普照，四季如春，尤其是三毛选择的这片海湾，往往散步两三个小时也碰不到一个人影。而她隔壁的小院子更像是鬼屋，从来没见过一个人，院中花床却开得好似一匹彩色的缎子，三毛就常去摘采白色的小菊花，对这座宅子，她几乎肯定它是空的。

直到有一天，一张可怕的老脸没有表情地注视着她，她被这意外吓得背脊都凉了，她盯住这个老人看，老人缓缓地开了大玻璃门。他是瑞典人，名叫加里。

之后的日子，加里安静得仿佛消失了，夜间，很少有灯火，白天，也是死寂一片。三毛不禁对老人如何度日感到好奇和同情。她把吃不完的饭菜送给他吃，又叫荷西把他抬出来吹吹风。三毛替加里打扫房间时在他的枕头下面掏出一大卷瑞典钱来，当他的面数了一下，要帮他开个户头，存起来。

这时才发现他的右脚，有两个脚趾已经烂掉了，肿胀得黑紫色的脚上流着脓血。邻居们都不肯管，社区的负责人也说自己是不拿薪水的。三毛又找领事馆，收到的答复是："太太，你的瑞典邻居又老又病，不是领事馆的事，我们的职责是可以代办文件的，现在不能管他，除非他们死了。因为这儿不是救济院。"

看着苦恼的荷西，三毛说："荷西，我也不想管，可是大家都不管，这可怜的人会怎么样？他会慢慢地烂死，我不能眼看有一个人在我隔壁静静地死掉，而我，仍然过一样的日子。"

"为什么不能？你们太多管闲事了。"在他们家喝着咖啡，抽着烟的英国太太嘲笑地望着他们。邻居一看到三毛都漠然地转过身去，他们怕为了加里的事，把他们也拖进去。

三毛把加里送去医院，对他说，"医生要锯掉你的腿。"垂垂老矣的加里有气无力地点点头，眼角再度渗出眼泪来，喃喃道："我——太太没有，没有，分居了——孩子，不要我，给我死——给我死。"这是一个对生命已经没有任何期望的老人，死亡便是解脱，三毛懂了，她直接对医生说："他说没有亲人，他要死。" 如果死亡成了一种愿望，理智的人应该成全他。医生要三毛再劝劝这位老人，她呆呆地望着加里，固执地不想再说一句话，"对着这个一无所有的人，我能告诉他什么？我能告诉他，他锯了脚，一切都会改变吗？他对这个已经不再盼望的世界，我用什么堂皇的理由留住他？我不是他的谁，能给他什么补偿，他的寂寞和创伤不是我造成的，想来我也不会带给他生的意志。"

荷西的心思是简单的，不去想这些道理，他还是劝加里做了手术。

锯掉了腿，加里坐在床上清楚地叫着他俩的名字，“荷西，三毛。”

原来每一个人都能感知温情。他想死，是因为生无可恋，是因为孤独。此时，他感知了人间的温情。

然而，当三毛收拾好加里的家，还喷了花露水，搁上鲜花，来到医院时，却听护士说，“加里今天清晨死了——”

他还是死了。或许，像三毛想的，这点温情不足以给他生的意志，抑或许，像马克·吐温的《警察赞美诗》，一个人一直想进监狱，惹是生非总也不被抓，当他感知了自由的快乐时，却忽然被带上了手铐。

三毛走出了医院。

医院的大门外，阳光普照，天，蓝得好似一片平静的海，路上的汽车，无声地流过，红男绿女，打扮得花枝招展的一群群地走过，偶尔夹着高昂的笑声。

“这是一个美丽动人的世界，一切的悲哀，离我们是那么的遥远而不着边际啊！”三毛说了一句反话，这红男绿女花枝招展的欢娱不过是浮生一梦。

禅是一枝花

伍迪·艾伦说，人生不过爱与死。这是一句充满禅味的格言。

三毛见证了加里的死，还要见证这句格言的另一半，那就是爱。

沙仑的痴恰好充分地说明了这另一半——爱，对爱的渴求。

邻近三毛住的地方，新开了一家小杂货店，三毛每天要跑上几次，渐渐地跟店员沙仑熟识了。

沙仑平日沉默寡言，白天认真管理好哥哥的店，晚上悄悄地坐在地上看着黑暗的天空。这应该是个寂寞的男子，终于有一天，他突然抬起头，涨红着脸对三毛说，“我想——我想请您写一封重要的信。”“可以啊！写给谁？”三毛觉得他真是太怕羞了，所以温和地鼓励道。

“给我的太太。”他的声音低得都快听不见了。看看店里没有其他人进来，他突然从柜台下面抽出一张彩色的照片，一个非常俗艳的阿拉伯女子。沙仑却说：“她是很时髦，很美丽，这里没有女孩比得上她。”他讲起太太来好似在说一个女神似的，但是这位太太却自从在阿尔及利亚举行婚礼之后，一次也没来找过他。三毛不由得怀疑起来，盘问似的说：“你给了多少聘礼？”

一听三十多万，三毛吓了一跳，她一猜就知道是怎么回事了，一定是他去年将父亲这笔钱带去阿尔及利亚买货，要运回撒哈拉来卖，结果货没有买成，娶了照片上的沙伊达，钱送给了她——一个很简单拆白党的故事。

经不住他苦苦哀求，三毛明知不会有回信，还是替他写了信。从此他便期待着回信，紧张兮兮地用目光询问三毛可有回信，三毛为着沙仑这张羡煞飞鸟，悲极落花般的脸惋惜着，嗟叹着。没想到竟然来了一封挂号信，三毛激动地叫起来："她不是骗子，不是骗子。"沙仑眼睛里也放射出异样的光芒，他催着三毛读信。因为是法文，要等荷西回来念。沙仑坐在三毛家的沙发上等，见荷西一直忙自己的事，突然一声不响拿着信，啪的一下跪扑在荷西脚前，荷西被吓得半死，大叫："怎么搞的，怎么搞的，三毛，快来救命啊——"可见沙仑紧张的等待已经到了饱和点。

荷西念完了信，告诉沙仑："你太太说，她也是爱你的，现在她不能来撒哈拉，因为没有钱，请你设法筹十万块西币，送去阿尔及利亚她哥哥处，她哥哥会用这个钱买机票给她到你身边来，再也不分离了。"

"什么？见她的大头鬼，又要钱——"三毛大叫出来。

沙仑倒是一点也不失望，他的眼光如同在做梦一般幸福，说钱没有问题，钱没问题，然后就兴奋地走了。

自此以后，沙仑又找了一个兼差，白天管店，夜间在镇上面包店烤面包，他很快就憔悴下来，眼睛布满血丝，头发又乱又脏，但是话却比从前多起来，说话时显现出他对生命充满期望，然而又总给人一种内心隐藏着极大痛苦的感觉。他已经深陷于对沙伊达疯狂的渴望中不能自拔，也因此越加显得孤苦零丁。

有一次，他的手受伤了，荷西在一旁充满怜悯地听他说话，三毛正准备给他换药，却对他的唠叨一阵厌烦，冲口而出："沙伊达，沙伊达，一天到晚讲她，你真不知道还是假不知道，沙—伊—达—是——婊子。"

室内的空气突然冻结起来，一片死寂。秋风冷了画屏，沙伊达冷了他的心。他被三毛一句大棒似的真言重重击倒，转过头来定定地望着三毛，张了张嘴却说不出一个字，她也定定地看着他那迅速消瘦下来的脸。"他将那双烫烂了的手举起来，望着手，望着手，眼泪突然哗一下流泻出来，他一句话也没有讲，夺门而出，往黑暗的旷野里跑去。"

此时荷西才回过神来，压低着声音问三毛："你想他明白受骗了吗？"

"他从开始到现在，心里一直明明白白，只是不肯醒过来，他不肯自救，谁能救他。"三毛愤愤不平地说。然后又仿佛自言自语，轻轻地叹息着，"沙伊达能迷住他的不过是情欲上的给予，而这个沙仑一定要将沙伊达的肉体，解释做他这一生所有缺乏的东西的代表，他要的是爱，是亲情，是家，是温暖。这么一个拘谨孤单年轻的心，碰到一点即使是假的爱情，也当然要不顾一切地去抓住了。"

……

"他昨夜拿了他哥哥店里要进货的钱，又拿了面包店里收来的账，逃掉了……"警察说。

"哦——"三毛应着，没想到沙仑做这样的选择。

寂静的夜里，一点风也没有，吃过饭的三毛与荷西在天台上坐，三毛开了灯，淡黄色的光晕犹如一朵模糊的小花，一群一群的飞虫即刻扑上来，它们绕着这点光亮不停地打转，好似终于找到了生命为之存在的目的。

两人看着这些徒劳的小飞虫。

“你在想什么？”荷西说。

“我在想，飞蛾扑火时，一定是极快乐幸福的。”三毛说。

三毛在感情上，也是一只急于扑火的飞蛾，所以她能够理解那种幸福，一刹那的辉煌，或者就是一刹那的自欺。在谎言中，只要不醒来，仍旧是幸福的。所以慕容嫣才会说出“如果有一天我忍不住问起，你一定要骗我，就算你心里有多么不愿意，也不要告诉我你最喜欢的人不是我”那样的话。但是旁观者清，总是想把沉沦于自欺的人拯救出来，无异于去驱赶灯罩上的小飞虫，你和它，同样的徒劳。

撒哈拉之乱

如果不是战争的爆发，三毛眼里的沙哈拉威人怕永远都只是这样简单、痴愚。盛极必衰，合久必分，人类历史是一个轮回交替的过程。1975年秋，沙哈拉威人要求民族自决，游击队组织不断袭击殖民者西班牙人，还宣传要解放奴隶、让女孩子们受教育……然而就在西班牙总督声明同意沙哈拉威人民族自决时，临近的摩洛哥和平进军，来到觊觎已久的撒哈拉沙漠。

这片祥和的土地上顿时一片混乱，阿雍几乎成为一座空城。三毛的邻居也开始变得敌对起来，姑卡的小弟弟在澡缸里唱着："先杀荷西，再杀三毛。游击队来，先杀荷西，再杀你。"正在给他洗澡的三毛惊呆了。葛柏（姑卡的母亲）听了这话，翻过孩子就要打，那张忠厚的脸也唰的一下涨红了。"打他做什么，小孩子懂什么？"三毛叹了口气无可奈何地说。葛柏几乎流下泪来，低头说："对不起！对不起！"

女孩子原已不上课了，却仍旧蝴蝶纷纷过墙来。三毛所不喜的，就是她们动不动就用想象力去判断一些完全不是她们智力所能判断的事情。此时又在讨论沙伊达了。

“咦！奥菲鲁阿不是这样的人，沙伊达可是的啊！那个婊子，认识游击队……”三毛刷一下把一个女孩子给她编好的辫子抽回来，正色说：“婊子这个字，只可以用在无情无义、没有廉耻的女人身上，沙伊达是你们沙哈拉威女子里，数一数二的助产士，怎么可以叫她婊子呢！这个字太难听了，以后再也不要这么说她了。” 三毛凶着她们，恨不得有一天把她们这么封闭的死脑筋敲敲开来。

三毛想到那个惊艳的女子，她觉得没有人能配得上沙伊达。

却没想到没过几天，她与荷西竟然见到了沙伊达的丈夫。

他目光里突然浸满了柔情蜜意和深深的伤感，重重地握住了她的手，悄悄地说：“三毛，谢谢你照顾沙伊达。”三毛兀自呆站着，心里感叹着——是了，只有这样的男人，才配得上那个沙伊达，天底下竟也有配得上她的沙哈拉威人。他的弟弟鲁阿也点着头，似乎很伤感地说：“是巴西里唯一的妻子，七年了，唉！”（他也爱着沙伊达吧。）

三毛尖叫了起来，血液倒流，原来他就是巴西里，这个正在与她握手的男人，就是神出鬼没，声东击西，凶猛无比的游击队领袖，沙哈拉威人的灵魂。

因为沙伊达是天主教，而巴西里的父母不允许儿子娶天主教的女人，还为了沙伊达的安全，所以镇子上的人没有一个知道沙伊达已经结婚了。

在回去的车上，荷西想起老族长的话，“不会独立，摩洛哥人马上要来了，我的孩子们，在做梦，做梦——”他说了同样的预言，三毛变得闷闷不乐起来，她有一种预感：巴西里快要死了。“这种直觉，在我的半生，常常出现，从来没有错过，一时里，竟被这不祥的预感弄得呆

住了，人竟钉在窗前不知动弹。”她不由得想起《红楼梦》里的句子：“看破的，遁入空门，痴迷的，枉送了性命，好一似，食尽鸟投林，落了片白茫茫大地真干净！” 这么优秀的人，是要死的。

荷西只托人为三毛订了撤离撒哈拉的机票，他天天在公司忙着撤离物资，不怎么回家来。这一晚，三毛正一个人坐着，沙伊达一闪身进来，身后跟进来一个蒙面的男人——巴西里！他为看沙伊达才来，而这里已经到处是摩洛哥的人，很危险。三毛让巴西里去一个朋友交给她看管的房子里躲一下，他不肯拿钥匙，是不想连累三毛。

游击队领袖巴西里，还是死了。

大家会审沙伊达，说她出卖了巴西里，是她告诉摩洛哥人巴西里回来了。

三毛叫起来，“不可能的，她是巴西里的太太，他们故意的，冤枉她，沙伊达昨天晚上在我家里。”

三毛在人群里挤来挤去，看见沙伊达正被爱她而不得的阿吉比从车上倒拖着头发跌下来，她闭着眼睛，动也不动，大概是听见巴西里的死讯后已经心碎了。

“要强暴她再死，她是天主教的——”阿吉比叫着，他和七八个人在撕她的裙子——沙伊达近乎全裸的身体在沙地上打着滚，惨叫的哭声像野兽似的传来……

正在此时，鲁阿像一只豹子似的扑进来，他疯狂地拉开了压在沙伊达身上的人，一手拖着她后退，一手晃着手里的枪，突然，他冲着身后正扑向他的一个人放了一枪，其他人乘机扑上来——“杀我，杀我，鲁阿……杀啊……”沙伊达狂叫起来，不停地叫着。

三毛惊恐得哭了出来，似要气噎，之后又听见响了好几枪，人们惊叫推挤奔逃，后来安静了，三毛翻身坐起来，地上两具尸体，沙伊达趴着，鲁阿张着眼睛死在那里，最后的姿势好似正在向沙伊达爬过去，要用他的身体去覆盖她……

夏日的撒哈拉就似它漫天飞扬、永不止息的尘埃，好似再也没有过去的一天，岁月在令人欲死的炎热下粘了起来，缓慢而无奈的日子，除了使人懒散和疲倦之外，竟对什么都迷迷糊糊的不起劲……西属撒哈拉眼看是要不保了，而真正生活在它里面的居民，却似摸触不着边际的漠然。

有女孩问三毛是否想留在撒哈拉，她回答说，是的。

“这儿有什么吸引你？”女孩奇怪地问。

“这儿有什么吸引我？天高地阔、烈日、风暴、孤寂的生活有欢喜，有悲伤，连这些无知的人，我对他们一样有爱有恨，混淆不清，唉！我自己也搞不清楚。”三毛在心里说。

第三章

魂绕加纳利群岛

Francis Picabia

爱，才刚刚开始

终于拿到机票，三毛先乘飞机走，她知道如果自己耍赖，硬要跟他一起走的话，就会成为他的累赘。他是一个男人，怎么逃都可以，带了她反而麻烦，于是她先走。

三毛在北非加纳利群岛上等荷西的消息，每天一早就上机场，见人就问，荷西却音讯全无，她开始茶饭不思，几近疯狂。半个月后，终于看到荷西的时候，她的意志瞬间崩溃，病倒了。

1975年11月1日，三毛在给父母的信中写道："爹爹、姆妈，你们的女婿是世界上最最了不起的青年，他不但人来了，车来了，连我的鸟、花、筷子、书、你们的信（我存的一大箱）、刀、叉、碗、抹布……连骆驼头骨、化石、肉松、紫菜、冬菇……全部运出来，我连一条床单都没有损失，家具他居然卖得掉，卖一万二千元。"

事情是这样的：荷西自己开车到海边，等了两天两夜，终于看见军舰来了，可是他们却不肯带荷西走。恰好有一条船卡住，非潜水员不能开。荷西说："我下水去替你们弄，你们不但要带我走，我这满满一车的东西也要带上。”就这样，荷西奇迹般的出现在三毛眼前。

三毛喜极而泣，抱着荷西痛哭，哭完了，荷西拿出一个口袋，提着往外一倒，一大堆的钱流出来。原来是他把带不走的东西全都卖掉了——经过这一次考验，三毛对荷西敬重有加，别人的丈夫乱世逃难只带一只手提包，脸色苍白，口袋无钱，还乱发脾气，荷西实在比那些人强很多。当他撤离时，阿雍已经乱作一团，人人只顾抢着上飞机，荷西却带着抹布、头骨、香菇——这一大堆三毛的宝贝独自逃到海边，乘军舰来了。这份爱不能不让三毛感动涕零，她在给父母的信里说："荷西是一个了不起的好男子汉，我太爱他了。我当初嫁他，没有想到会如此，我们的情感，是荷西在努力增加，我有这样一个好丈夫，一生无憾，死也瞑目。"

在荷西到达加纳利群岛的当天，两人就在海边租好一幢面海的洋房。洋房美丽舒适，有大厅、卧房、小客房，还有浴室，家具也很齐全，这里的食物也是沙漠的半价。此刻三毛感到极大的幸福与欢喜。

然而，荷西在岛上找不到工作，他们的生活马上面临现实问题，他只好又回以前的地方上班。把三毛一个人留在岛上，三毛虽然拖着病体，却一直骗他说自己很好。

荷西每回一趟家，都成了三毛的重大节日。在他回来之前的两天，她就兴奋地等待迎接，而他一进门就跑到她面前，抱着她的腿，他不愿她看见他的眼泪，把头埋进她的牛仔裤里不肯起来。荷西还是一个孩子，她对他有一种母亲和妻子混杂的爱情。

三毛曾说过："荷西第二天又走了，我便一直病到现在。这种情绪上的不稳定，我无法跟父母或朋友倾诉……"

后来三毛出了车祸，荷西说他辞了工作要回家。其实他还可以留在那边继续工作，他的薪水刚刚涨了，但他毅然辞职回家来，他知道三毛病得很重。

两人依靠三毛微薄的稿酬生活，加上三毛的病情，生活越加艰难，三毛就回了台湾一趟，台湾的朱大夫用中药秘方很快就治好了她的病，因家中有荷西等待，她没在台湾久留，就登上了回加纳利群岛的飞机。

三毛回岛上后，两人开着小车，带着帐篷去环游加纳利群岛。

雄壮而美丽的大海与天相接，海风劲吹，海鸥哀鸣——三毛爱上了这里。又像在撒哈拉一样燕子垒巢，她在这片海岛上建立了又一个温馨的家。

过了两年多，荷西终于在尼日利亚谋到一份差事，是在港口打捞沉船。工作非常辛苦，老板又苛刻，为了两人的生活，荷西拼命忍受。

因为荷西工作不固定，辗转在各地，三毛片刻也离不开他，一定要跟在他身边，家门只好锁起来，他们就在工地租房住。

“荷西有两个爱人，一个是我，一个是海。

“他对海是离不开的，在大学时读的是工程，但他还是去做了潜水员。每一次他带我去海边散步，我们的感情就会特别好，因为他知道海的一种美丽。他常跟我说起他跟一条章鱼在水里玩的情形，说得眉飞眼舞。我想他这么一个可爱的男人，为什么要强迫他去了解文学艺术。如果以我十八岁的时候，我绝对不会嫁给他，我会认为他肤浅，因为我自己肤浅。今天我长大了，我就不会再嫁给我初恋的人，因为荷西比那个人更有风度，而是看不出来的风度与智慧。

“荷西讲天象，他懂得天文、星座，讲海底的生物、鱼类……他根本就是一个哲学家，当他对我讲述这些的时候。我认为台湾的男孩子接

触大自然实在太少了。他们可以去郊游，但那不是一个大自然，不是一个生活。你无法欣赏，你就不能成为大自然的一部分，因为你终究还要回到现实，这是很可悲的。

“我跟他在一起，是我们最可贵的朴素的本质。”

此时的三毛已经不是那个会被表象迷惑的多愁善感的少女，她懂得了朴素的可贵，经历了这么多风风雨雨，像范柳原说的，“我们倒真的恋爱起来——我们那时候太忙着谈恋爱了，哪里还有工夫恋爱？”此时，三毛懂得了真正的爱情。爱是发自本心的，外在的那些花花绿绿的形式都太空虚，像海市蜃楼，一碰即碎的，荷西的怀抱让人觉得踏实，他才是她最契合的另一半。

他们的婚姻终于落实到吃饭买菜过日子上去了，三毛曾说过：“爱情，如果不落实到穿衣、吃饭、数钱、睡觉这些实实在在的生活里去，是不容易天长地久的。”

以前三毛可不是这样想的，她有她的无奈：

在撒哈拉时，三毛看了一本西班牙文杂志，说美国有一个女作家，写了一本畅销书，“如何叫丈夫永远爱你。”这个女作家在书中说，“永远要给你的丈夫新奇感，在他下班之前，你不妨每天改一种打扮，今天扮阿拉伯女奴，明天扮海盗，大后天做一个长了翅膀的安琪儿，再大后天化装成一个老巫婆……这样，先生下班了，才会带着满腔的喜悦，一路上兴奋地在想着，我亲爱的宝贝，不知今天是什么可爱的打扮——”又说：“不要忘了，每天在他耳边轻轻地说几遍，我爱你——我爱你——我爱你——”这篇文章里还配有好几张这位婚姻成功的女作家穿了一条格子裙与丈夫热烈拥吻的照片……

吃晚饭时，三毛对荷西说起这本书："这个女人大概神经不太正常，买她书的人，照着去做的太太们，也都是傻瓜。如果先生们有这么一个千变万化的太太，大概都吓得大逃亡了。下班回来谁受得了今天天使啦！明天海盗啦！后天又变个巫婆啦！……"荷西低头吃饭，眼睛望着电视，三毛再问他："你说呢？"

他如梦初醒，随口应着："海盗！我比较喜欢海盗！"

"你根本不在听嘛！"三毛把筷子一摔，瞪着他，他根本看不见，眼睛又在电视上了。

她叹了一口气，要把汤泼到他的脸上去的想法也压下去，心里说：对待这种丈夫，就算整天说着"我爱你"，换来的也不过是咦咦啊啊，婚姻不会更幸福，也不会更不幸福。那时的三毛还不懂得平平淡淡即是真。

荷西是个大男子主义的人，而且从小家里只有他一个男孩，年龄最小，自是受宠惯了的，也还仍保持着他的习惯，吃饭的时候，如果要加汤添饭，他只伸手往三毛面前一递，自然得就好像太阳从东边出来。走路经过一张报纸，他当然知道跨过去，不知道捡起来。有时三毛病了几天，硬撑着起床整理已经乱得不像样的家，他也会体贴地说："叫你不要洗衣服，又去洗了，怎么不听话。"

三毛回答他，"衣不洗，饭不煮，地不扫，实在过不下去了，才起来理的。"

"不理不可以吗？你在生病。"他还温情脉脉的。

"我不理谁理？"三毛故意说这话，渴望此人发条开动，做个"清扫机器人"，但是聪明的荷西不买账，（或者是不开窍），说，"咦！谁也不理啊！不整理，房子又不会垮！"

这时候三毛真想拿大花瓶打碎他的头，可是想想，碎了的花瓶也得自己扫，头倒不一定打得中，所以也就算了。由此，她也总结出一条真理来：“怎么样的女人，除非真正把心横着长，要不然，家务还是缠身，一样也舍不得不管，真是奇怪的事情。”

然而，如今，这无可奈何也变得亲切可人，荷西也变得真实可爱。他不会时时刻刻把你像糖一样含在嘴里，又腻又肉麻，却会在关键时刻站出来，说句玩笑话，“大男人”比“小男人”靠得住，难怪三毛一刻都离不开他了。

有些男人是知情知趣的，有些男人是知冷知暖的，大难临头的时候，落荒而逃的往往是前者。荷西的不离不弃与某人在现实压力面前的表现，应了曹丕那句“文人无行”。

岁月怎能空白过掉

初到加纳利群岛时，三毛就下了决心，这一次的安家，绝不能像在沙漠里那样，跟邻居的关系混得过分密切，以至于失去了个人的安宁。她选了离城快二十多里路的海边社区住下，一百多户白色的连着小花园的平房，错落地点缀了这个海湾。

邻居多是北欧人，且都是上了年纪来这里休养的老人。“真是比沙漠还糟，我好像住在外国一样。”在自己的国家却又被外国人包围了，荷西没人说话，心情十分落寞。不过也有好的一面，比如邮局一看他们是同胞，有信件就包送到家。

三毛觉得这种隐居生活自在极了，跟那些七老八十的人做朋友没什么意思，所以她坚持自己的想法，不交朋友。“都是老废物嘛，要他们做什么，中国人说敬老爱老，我完全明白这个道理，给他们来个敬而远之。”

有一天，三毛看到一个老疯子扫街道，从清早扫到中午还没完，三毛好奇，看他怎么个扫法。他用一把小扫把，把地上的灰先收起来，再用一块抹布用力来回擦地，他擦过的街道，可以用舌头舔。

又有一天，三毛闲来无事，向外眺望着，树上白花像鸟一样一大朵一大朵地兀自落着，那个老人又出现了，他把落花一朵一朵拾起来。海风又大吹了一阵，花又落下来了，他又拾；风又吹，他又拾。这样弄了快二十分钟，三毛实在忍不住了，光脚跑下石阶，干脆把那棵树用力乱摇，落了一地的花，这才也蹲下去一声不响地帮这“疯子”拾花。

过后，三毛请他去喝了一杯茶。

一个星期之后，这个老疯子的身旁多了一个小疯子，小疯子只管摇街道边上的树，她先把叶子给摇下来，老人再细细拾起来收走，这小疯子就是三毛。

荷西不在的日子，三毛每天早晨都开车去镇上取信、领钱、买菜、看医生，做这些零碎的事情，她是不随便载人的，但遇见年高的或小孩子她就顺便带他们一程。

有一次载了一对德国夫妇，到了家门口，她不禁说道：“我住在下面一条街，就在你们阳台下面，万一有什么事，我有车，可以来叫我。”说完三毛就后悔了，赶快加了一句：“当然，我的意思是说，很紧急的事，可以来叫我。”

“嘻嘻！你的意思是说，如果我心脏病发了，就去叫你，是不是？”老人开着玩笑说。三毛心想，我就是这个意思，但给这精明的老家伙猜对了她不礼貌的同情，实在令她羞愧。

后来这两个老家伙还来找三毛去看落日，沿着海湾走，走了三个小时后，她跛着脚回来，颈上围着老太太的手帕，身上穿着老家伙的毛衣，累得一到家就坐在石阶上，动都不会动了。“年轻人，要常常走路，不要老坐在车子里。走这一趟就累得这样子，将来老了怎么是好。”老家伙大有胜利者的意味，三毛挠着头，瞪了他一眼，反驳的话一句也没想出来，从此却慢慢地喜欢上他们了。

三毛在后院里种了一点红萝卜，每星期荷西回来了，她就去拔，看看长了多少，那一片萝卜老也不长，拔出来只是细细的线。

有一天，三毛一个人蹲在地里，又拔出一个样品来看，仍没见长，这时墙角传来一阵大笑声，她吓了一跳，跌坐在地上。

“每天拔是不行的，都快拔光啦！”原来是三毛的邻居，又一个老家伙。他教三毛怎么种菜，开始聊起来，这老家伙说话还很风趣，他说：“等我哪一年也死了，我跟太太再搬来住，那时候可是我看得见你，你看不见我们了。”原来他是为了太太的身体搬到这岛上来，后来太太死了。失去了老伴，还能过得这么有活力，倒让三毛有些反感。

老人似乎看出了三毛的心思，说：“孩子，人都是要走这条路的，我当然怀念她，可是上帝不叫我走，我就要尽力欢喜地活下去，不能过分自弃，影响到孩子们的心情。”他们不喜欢带累孩子，所以自己独处，倒也过得其乐融融。

中国老人和美国老人相比比较悲观，欧洲的老人很不相同。中国人多是养儿防老，自从有了孩子之后，他的生活全成了孩子的生活，供他们上小学中学大学，给他们娶媳妇，看孙子，最后也要赖着他们养老送终，早早地失去了自我，而欧洲老人这一生都保持独立的自我，有自己的爱好，有自己的风景，不会眼睛只盯着下一代。

他们懂得人生无常，也顺应这种无常，心态就会比较平和，能够在有生之年享受春花、秋月、夏雨、冬雪。“岁月极美，在于它必然的流逝。”在迅疾流逝的过程中，不妨抓一抓岁月的尾巴。

三毛后来认识了艾力克，一个常常替邻居做零工，忙得半死也不收一毛钱的人。

艾力克已经七十四岁了，帮三毛修完了车房门之后，又来邀请她去家里参加音乐会。

天上星星点点，三毛踏上艾力克的天台，在灯光的映照下，她看见一群老人抱着自己的乐器兴高采烈的脸，他们正在演奏，真是各显神通，笛声悠扬，口琴如一阵轻风，小提琴在呜咽，间杂着拍掌声和口哨声，还有老太太尽情放怀地唱着歌。一个老人顽皮地走到三毛面前来一鞠躬，三毛便跳下栏杆，跟他随着正在演奏的音乐跳起舞来。

我从来没有跟这么优雅的上一代跳过舞，想不到他们是这样地吸引我；他们丰盛的对生命的热爱，对短促人生的把握，着实令我感动。那个晚上，月亮照在大海上，衬着眼前的情景，令我不由得想到死的问题。生命是这样的美丽，上帝为什么要把我们一个一个收回去？我但愿永远活下去，永远不要离开这个世界。

三毛又一次去找艾力克时，开门的是安妮，一个已经七十岁的寡妇。她快乐地告诉三毛一个好消息，“艾力克与我上个月开始同居了。”

三毛大吃一惊，欢喜得将她抱起来打了半个转。

怪不得那天晚上艾力克老请安妮跳舞，原来是这么回事啊！安妮幸福地忙碌着，艾力克倒是有点沉默，好似不敢抬头一样。

安妮解释说：“我们不结婚，因为结了婚我前夫的养老金我就不能领，艾力克的那一份只够他一个人活。”

三毛不是老派的人，只要他们幸福，结不结婚不重要。她在客厅书架上观看摆的相片，艾力克的全家照和安妮的全家照并排放着，艾力克前妻的照片也仍然放在老地方，没有取掉。“我们都有过去，我们一样怀念着过去的那一半。只是，人要活下去，要再寻幸福，这并不是否定了过去的爱情……”

安妮正在厨房内忙着，轻快的歌声传到客厅里来，七十岁的人了，这歌声里仍然有着爱情的欢乐。

夕阳无限好，何妨近黄昏?

“人的每一个过程都不该空白过掉！”三毛在这些被自己认为“老废物”的人身上看到了人生尽头的希望，往事不可追，只有放下曾经的伤痛，轻装前行，才可以把每一天过得充实，像一个朋友说的，人何必跟自己找别扭？为爱苦守一生的人固然值得我们尊重，但是惜取眼前幸福的人也应为他们高兴。

这样的家庭生活

荷西正在靠着一个柱子看报。三毛大叫："荷西快来，你妈妈……"

"我妈妈怎么了？"他一扔报纸，唰一下就冲到话筒边来了，还以为出了什么事。

"她来了，她来了，现在……"三毛匆匆忙忙挂下电话，抓住荷西语无伦次地说。

简直是偷袭，三毛想。他们赶紧去公司借钱，母亲要来度假，荷西说，她辛苦了一辈子，我要让她过得好一点。

两人开车去接机，三毛像打仗一样紧张，几乎要哭出来，拼命地催荷西开快点。

"你发什么神经病嘛！妈妈来没有什么好紧张的。"荷西大吼大叫。

三毛不过是想给这位很少谋面的婆婆一个好印象——当初婆婆极力反对他们结婚——三毛吓坏了，可是却喜坏了荷西，兴奋地迎接这些天兵天将的降临，他左拥右抱，一大家子往出口走去。三毛提着婆婆的箱子跟在后面，这才意识到，荷西平日是多么缺乏家庭的温暖啊！

到了家，二姐回过头来对三毛说：“这么漂亮的家，不请我们来，真是坏心眼，还好我们脸皮厚，自己跑来了。”三毛讪笑着不作答，把行李一一摆放好。又听见二姐在卧室里喊，“三毛，拿痱子粉来。”三毛赶快跑进去：“没有痱子粉，二姐，等一下去买好么？”“可是大卫现在就得搽。”二姐咬着嘴唇望着三毛，三毛又一路小跑到客厅，摇着荷西说：“嗯！拜托你跑一趟，妈妈要床单，大卫要痱子粉。” 荷西睁大着眼睛瞪着三毛，不情愿地说：“我刚刚开车回来，你又差我。”显得三毛这人就爱纠缠不清似的。

二姐呼来唤去地一会说这不行，一会儿说没那个，三毛忙得不可开交，显得紧张又笨拙，荷西笑话她说：“三毛什么都好，就是有健忘症，又不能干。” 在千里迢迢赶来的家人面前，三毛成了荷西的私有物品，“自家的孩子不能夸”一样装起“大”来。

婆婆也大呼小叫，“天啊，这种带酒的巧克力糖，怎么可以给小孩子吃，她吃了半盒。安琪拉，快来啊！你女儿——”

“三毛，你不知道小孩子不能吃有酒精的糖吗？她不像你小时候——”荷西好不耐烦地开始训三毛。

晚饭要煮了，四菜一汤。要切、要洗、要炒，甜点做布丁方便些；桌布餐巾得翻出来，椅子不够，赶快去邻居家借；刀叉趁着婆婆没回来，快快用去污粉擦擦亮；盘子够不够换？酒够不够冰？姐夫喝红酒还是威士忌？荷西要啤酒，小孩子们喝可乐还是桔子水？婆婆是要矿泉水的，这些大大小小的杯子都不相同，要再翻翻全不全。冰块还没有冻好，饭做白饭还是火腿蛋炒饭？汤里面不放笋干放什么？笋干味道婆婆受得了吗？晚饭不要太油腻了，大卫泻肚子；吃土司面包是不是要烤？

晚饭是愉快的时光，三毛的菜没有人抱怨，因为好坏都是中国菜，没有内行。等她和荷西打地铺睡下，三毛问："荷西，床单都是大炮牌的，一共多少钱？"

"八千块。"他低低地说。三毛吓了一跳："我不是跟你讲过也有本地货的吗？只要三百块一条。"

他不响。她再问："这几条床单以后我们也没有什么用。"

"妈妈说用完她要带回去，这种床单好。"荷西答。

三毛无语。

一大早就起来忙着做早餐，还以为有面包和牛奶就好了，却不想有人要白水煮一个蛋，有人要火腿荷包蛋和桔子水，有人要喝茶——房内二姐的孩子还在哭，三毛飞快去收完孩子的裤子，这面茶正好滚了，火腿蛋快焦了，婆婆己笑眯眯地坐在桌前。姐夫客气地说："啊！还是给我一罐啤酒，再煮一块小鱼吧！"三毛没有鱼，灵机一动，开了一罐沙丁鱼罐头丢下锅，婆婆的蛋，姐夫的鱼都上了桌，二姐的叫声又传来，"三毛，麻烦你给大卫煮一点麦片，给我烤一片乳酪面包，我现在没空。"

总算把早餐给吃了，三毛松了一口气，反正车挤，他们出去玩，三毛要留在家里做中午饭，荷西却说："三毛，不要耍个性，母亲叫你去你就去。"

三毛大喜，"那中饭在外面吃？"没想到又没逃过此劫，婆婆发话了，要回来吃。三毛只好去刷牙洗脸，荷西直纳闷，"三毛，你一个早上在做什么，弄到现在还没梳洗。”

三毛在心里委屈着。

为什么没有一个人问我沙漠逃难的情形，没有一句话问我们那个被迫丢掉了的家。婆婆没有问一声儿子未来的职业，更没有叫我们回马德里去，婆婆知道马德里付了一半钱的房子，而今荷西没有了收入，分期付款要怎么付，她不闻不问。她、姐姐、姐夫，来了一天了，所谈的不过是他们的生活和需求，以及来度假的计划。我们的愁烦，在他们眼里，可能因为太明显了，使得他们亲如母子，也不过问，这是极聪明而有教养的举动。比较之下，中国的父母是多么的愚昧啊！中国父母只会愁孩子冻饿，恨不能把自己卖了给孩子好处。

三毛成了家务机器，一部别人不丢铜板就会活动的机器人，简单得连小孩子都知道怎么操纵。这种家庭生活茫茫无尽头，三毛不由得悄声问荷西他们要住几天?

“不要急，你烦了他们自然会走。”

荷西又让好友圣地亚哥送钱来，他们在公司预支的钱已经用完了，他看着三毛不高兴，自顾地说，“你不要小气，三毛，我不过是买了三只手表，一只给爸爸，一只给妈妈，一只是留着给黛比第一次领圣餐的礼物。”“可是，你在失业，马德里分期付款没有着落，我们前途茫茫——”三毛争辩着。

二十天过去了，客厅里堆满了玩具，大卫的起动机、溜冰板、电影放映机、黛比的洋娃娃、水桶、小熊，换得侄儿一句“舅舅是全世界最好的人。”

“荷西，母亲说她要再多住几天？”夜半私语，只有这个话题了。

“一个月都没到，你急什么。”

荷西倒是个孝顺儿子，可他的亲人也确实太没有克制的美德了，不管不顾，跟中国的父母比起来差得太远。做儿子的不介意，儿媳妇总要介意的。

好在，公公来信催他们回去了。

在机场，婆婆抱住荷西像要永别似的亲个不住，眼看着眼泪快要流下来，三毛只等她讲一句：“儿啊！你们没有职业，跟我回家去吧！马德里家里容得下你们啊！”但是，她没有说，她甚至连一句职业前途的话都没有提。三毛上去拥别她，婆婆说：“孩子，这次来，没有时间跟你相处，你太忙了，下次再来希望不要这么忙了。”

三毛再次无语。

一送走婆家人，三毛赶紧去写信了，免不了向自己的父母倾诉一番。

三毛的父母也要到加纳利群岛来了。

为了该叫陈先生还是陈爸爸的问题又讨论了一番，荷西要叫陈先生，他说他们全家都觉得三毛叫婆婆公公为爸爸妈妈很肉麻。

三毛说：“你不能叫他陈先生，你要叫他爸爸，不然他一下飞机转头就回去。”在三毛的生命里有三个人，一个是爸爸，一个是妈妈，还有就是荷西。

为了要见岳父岳母，荷西每天要念好几个小时的英文。当他看到他们从机场走出来时，他一只手抱着妈妈，另一只手抱着爸爸，没有手可以抱三毛了，就说：“你过来。”然后他把这四个人都环在一起。他第一眼看到陈爸时很紧张，突然用中国话喊："爸爸！"然后看看妈妈，说："妈妈！"接着，不知道该说些什么了，他低着头，就一个劲儿去提箱子，提了箱子又拼命往车子里乱塞，坐进车里，他用西班牙文说："我实在太紧张了，我已经几个晚上没睡觉了，我怕得不得了。"三毛此时才明白，让一个外国人喊他从未见过面的人为爸、妈，除非他对自己的妻子有太多的亲情，否则是不容易的。

有一天在餐桌上，三毛与父母正聊得起劲，荷西突然对三毛说该轮到他说话了，然后用生硬的英语说："爹爹，你跟Echo说我买摩托车好不好？"荷西很早就想买一辆摩托车，但要通过三毛的批准，听了他这句话，三毛站起来走到洗手间去，拿起毛巾捂住眼睛，就出不来了，只因为荷西叫出三毛一向对爸爸的称呼"爹爹"这个字眼。

三毛的父母本来是要去欧洲玩的，父亲推掉了所有的业务，打了无数的电话、电报，终于见到了他们的女婿，他们相处整整一个月的时间，非常愉快且融洽。

有一天荷西突然问："你觉不觉得我们该有一个孩子？自从爸妈来了以后，家里增添了很多家庭气氛，我以前的家就没有这样的气氛。"三毛也表示同意。这两个约定不要孩子的"自私"夫妻也开始向往起天伦之乐来。

然而，天有不测风云，他们的向往来不及实现。

荷西不到三十岁就走了。三毛总是责怪自己在荷西最后一次去加纳利群岛最西边的拉芭玛岛潜水时，因为父母首次来加纳利群岛而没能像往常一样坐在岸边等待，扮演那个守护着他生命的"天使"。

第四章

那些生离死别的事

某某人的未亡人

"是不是荷西死了？"

一九七九年九月三十日，已经是凌晨一点钟，一位英国太太敲响了三毛的门，她走进来拉着三毛说："Echo，你坐下来。"

三毛没坐，紧张地问："荷西死了？"

"没有，你坐下来我再告诉你。"

三毛固执地问着，"他死了？"

英国太太把她扶住，三毛再问她第三次："你是不是来告诉我荷西死了？"

那位太太说："潜水员正在打捞荷西的尸体。"

三毛的世界轰然坍塌，她觉得面前一下子变得黑暗起来，她一个人，这一次真剩下了她一个，那个噩梦成了真。她觉得很怕，一生没有过的怕，一直以来，都以为自己是很勇敢的人，以前曾有人问她失去荷西的心情会怎样？她说的是一个人有时候会遭遇到他不能承受的事。但是《圣经》上说："我给你的都负担得起。"

《圣经》是错的，它所给予人的，很多是人负担不起的，不然也不会有那么多人自杀。三毛晕死过去。

拉芭玛岛墓园旁边的小房间里，荷西的尸体被打捞上来。去看他时三毛已经半疯。所有人都说尸体确认了是荷西，三毛还挣扎着说：“不是，我不相信，我一定要看见他我才相信。”

三毛在父母亲友的扶持下走到存放荷西尸体的房间门前，他们说：“你要勇敢。”

三毛盯着平躺的荷西，怎么看都是他，没有错，但是她也没有大哭大叫，她平静地把所有人挡在门外，“如果里面躺的真的是他的话，那么这是我们夫妻的最后一个晚上，我要给他守灵了，你们都不要进来，让我跟他在一起。”

三毛一个人走进去，屋里很黑，小小的棺材里躺着穿着自己心爱的潜水服的荷西，三毛看了一遍又一遍，这熟悉的平静的脸，此时只能空相觑，恨无言。后来她说：“我看见棺材里躺着的那个人就是我心爱的丈夫，我怎么看都是他，实在是没有错，他真的是我的荷西！”三毛流着眼泪，在棺材旁边俯下身来，握住荷西的手，像平常他们的习惯一样。

“荷西，依照我们的经验，临死的时候你要经过一个黑夜的隧道，你不要怕，我上有高堂，我有父母，不能跟你一起走，可是你不要怕，我握住你的手，你勇敢地走过，虽然我不在你身边，你这个隧道过了以后，那边有光，那是神灵来接你了。过几年我再来赴你的约会……”

三毛与荷西双手紧握，她竭力且真诚地一遍遍嘱咐他，“要勇敢要勇敢，没有我的时候，你也要勇敢……”

她的眼泪在他的脸上横流，泪湿阑干似花着露，朦胧中却见过世两天的荷西眼睛嘴巴里流出鲜血来，荷西眼里的眼泪变成了血红色，从耳里，鼻里，嘴巴里溢出来，三毛一边擦自己的眼泪，一边为荷西擦血，血与泪水交融（当时荷西已经过世两天，血液不再循环，三毛问医生怎么回事，医生也说不出答案来）。她说："同一条手帕擦你的血，湿我的泪，今生是我的初恋，今世是我的婚姻。我这一生好像爱过无数个男子，但我跟着荷西的时候，我是他的唯一，他也是我唯一。"

今夜岛深处，断魂郁郁随潮归去，波涛拍打着堤岸，仿佛三毛絮絮的独白。

每想你一次，天上飘落一粒沙，从此形成了撒哈拉。每想你一次，天上就掉下一滴水，于是形成了太平洋。锁上我的记忆，锁上我的忧伤，不再想你，怎么可能再想你，快乐是禁地，生死之后，找不到进去的钥匙。

记得初来拉芭玛岛时：

三毛一直觉得这个岛不对劲，从她踏上岛的第一天起就有一种不祥的预感，但是她一直以为要走的人是她，她说："荷西——要是我死了，你一定答应我再娶，温柔些的女孩子，听见没有——"为了灵魂的安息，她这样对荷西说。

荷西说，"要是你死了，我一把火把家烧掉，然后上船去漂到老死——"他觉得她在说疯话，却也不由得低着头转身出去，他是不想在她面前掉眼泪。而三毛多年的噩梦回来了，梦中她总是在上车，上车要去一个令她害怕的地方，梦里只有她一个人，没有荷西。

在岛上的日子仿若世外桃源，不看报纸，不关心外面的消息，只守着彼此，守着他们的家。三毛每天做好了饭菜，坐在阳台上等着荷西的归来。这一阵子他们已经不出去疯玩了，只是静静地守候着彼此。夕阳的余晖洒在阳台上，他们对着大海，半杯红酒，几碟小菜，再加一盘象棋，对弈到天上的星星由海中升起。

有一晚，两人走路去看恐怖片，老旧的戏院里楼上楼下总共也只有五个人，铁椅子漆成铝灰色，泛着冰冷的青光，迷雾凄凄的山城里一群群鬼飘了出来捉过路的人。深夜散场时，海水正涨潮，浪花拍打到街道上来。电影和电影院一起把他们吓得毛骨悚然，两人牵了手穿行在一片水雾中，飞奔着往家跑，跑着跑着三毛咯咯地笑了，挣开了荷西，独自一人拼命地快跑，他鬼也似的在后面又喊又追。

还没到家，三毛的心绞痛突然发作了，她往前紧走几步，抱住电线杆不动了。荷西惊问怎么了，三毛指指左边的胸口不能说话。他俯身下来，背起她，一直上了四楼。三毛的心也不再痛了，两人绞手相握，一直醒着，静静地到天明。

多少个夜晚，冷汗透湿的从梦魅里逃出来，发觉手被荷西握着，他在身畔沉睡，我的泪便是满颊。

在死亡的预兆面前，他们抓紧分分秒秒相爱，连分食一袋樱桃都成了一种快乐。一日不见，思之如狂。三毛的情绪也影响了荷西，即使是岸上的机器坏了一个螺丝钉，只修两小时，他也不肯在工地上等，脱掉潜水衣就往家里跑，若三毛不在家，他便大街小巷地去找，一家一家店铺问过去。等找到她，双手环上来，也不避人地痴看着妻子，脸上微微笑着。然后两人拉起手，提着菜篮走去工地。

每见荷西下沉，三毛总是痴痴地望过去。有一次，岸上的助手问她：“你们结婚几年了？

“再一个月就六年了。”三毛说。

“好得这个样子，谁看了你们也是不懂！”助手不懂。

三毛听了笑笑便上了车，骑着车往前走，慢慢地眼睛竟湿润了，“明明上一秒还在一起的，明明好好地做着夫妻，怎么一分手竟是魂牵梦萦起来。”

有一天，荷西没按时回家，三毛开始担心起来，便借了脚踏车要去找他。才下楼，看见他回来了，她竟然有些尴尬，这样的担心已经超出常规。

三毛匆匆忙忙给他开饭——一日只吃一顿的正餐。坐下来向荷西举举杯，惊见桌上一个红绒盒子，打开一看，里面一只罗马字的老式女用手表。“你先别生气问价钱，是加班来的外快——”他喊了起来。

三毛轻轻地笑了，脸上现出一种爱怜的神色，她当然没有生气，却痛惜他神经病，买个表还多下几小时的水，借朋友的钱却怎么不知去讨呢？结婚六年之后，终于有了一只手表。

“以后的一分一秒你都不能忘掉我，让它来替你数。”荷西走过来，伸开双手在她身后环住。

那个晚上，荷西睡去了，海潮声里，三毛一直在回想少年时的他，十七岁时那个大树下痴情的男孩子，十三年后在自己枕畔共着呼吸的亲人。

三毛一时发了疯，她不顾荷西睡得正酣，用力推醒了他，轻轻地喊着他的名字，他睡眼惺忪，还没醒彻底，三毛凑上去对他说：“荷西，我爱你！”

“你说什么？”他全然地骇醒了，坐了起来。

“我说，我爱你！”黑暗中为什么又是有些呜咽。

“等你这句话等了那么多年，你终是说了！”

“今夜告诉你了，是爱你的，爱你胜于自己的生命，荷西——”

那边不等我讲下去，孩子似的扑上来缠住我，六年的夫妻了，竟然为着这几句对话，在深夜里泪湿满颊。

“我爱你。”一句情人间普通的话，荷西却等了十三年。

还记得最后一次见面，三毛要陪父母到欧洲去旅游，荷西来机场送行，他抱着三毛的妈妈说：“妈妈，我可不喜欢看见你流泪哟！明年一月你就要在台北的机场接我了，千万不要难过，Echo陪你去玩。”三毛他们坐的是一架小型螺旋桨飞机，上飞机前，她站在机肚那里向外望着，看见荷西正跳过一个花丛，企图再看见他们，等上了飞机，她不停地向他招手，他也不停地向她招手……

这种难舍难分被旁边的一位太太看在眼里，就问三毛：“那个人是你的丈夫吗？”三毛说：“是的。”聊了两句，那位太太就递给三毛一张名片，西班牙有一个风俗，守寡的女人名片上会加上一句“某某人的未亡人”，而这张名片上正有那几个字，三毛忽然很不舒服，那几个字让她觉得刺眼，她一时不知道说什么——没想到就在收到那张名片的两天后，她自己也成了那样的身份……

记得当时年纪小

“许多个夜晚，我，躺在床上，住在一栋海滨的房子里，总是听见晚上的风带着一种呜咽地呻吟，划过我的窗口，我坐在那个地方突然发觉我原来已经没有家了，是一个人。每一个晚上我坐在那里等待黎明，那时候我总以为这样的日子是过不下去了。”

荷西定没有听过“执子之手与子偕老”的诗句，但没有三毛，他就不能睡，三毛夜里要写稿，有一次，她见荷西一直醒着，问缘故，荷西说，“因为这么多年来我睡觉的时候一定要拉着你的手。”三毛听了一阵黯然，从那时起就搁笔了。别人问起来，三毛说，我先生不能睡觉，他们觉得好笑，就说：“他不能睡别理他好了！”三毛说：“他的工作有危险性的，我希望他睡得好。”六年来，他不论如何睡，一翻身第一件事一定是找三毛的手，然后再呼呼大睡。

如今，荷西去了，剩下三毛只影系人间，再没有人握着她的手睡，还以为荷西孩子气，原来一个人的时候三毛也感到如此孤寂。

每一个夜晚，她从窗子里望出去，半边月亮悬挂在枝头。夜阑人初静，孤鸿的影子斜掠而过，缥缈远去，谁人知，谁人知，却已是有恨无人省，有爱无人听了。

人生如寄，怎堪造物拨弄？还在几年前，三毛常问荷西："你要怎么死？"荷西也反过来问她："你要怎么死？"三毛总说："我不死。"人总是要死的，三毛回答得多任性，似与日月争寿，殊不知，她只是不舍，不舍世间的亲人，不舍依恋她的爱人，万般情意，如何也不愿付与流水。

所以，当《爱书人》杂志向她邀一篇"假如你只有三个月可活，你要怎么办？"的稿子时，三毛不奇不怪不急不躁，继续揉她的面，当荷西问她"这个稿子你写不写！你到底死前三个月要做什么，你到底要怎么写嘛？"你到底要做什么，到底要做什么，因为爱你，所以就急于知道，三毛转过头来，看着荷西，用那满是面糊的手摸摸他的头发，说："傻子啊！我不肯写，因为我还要替你做饺子。"这就是三毛"我不死"的原因，爱的宣言，有谁能说得如此朴实却又浪漫，如此无理却又动人？荷西突然伸手环住三毛的腰，一直不肯放开，三毛赶他，但他紧搂着不动，"你这个人怎么这么讨厌……"话正说了一半，三毛猛然一回头，看到他整个眼睛充满了泪水，她呆住了，他突然说："你不死，你不死，你不死……我也不死。"

后来，他们想了想，大概觉得这是异想天开，又说："要到你很老我也很老，两个人都走不动也扶不动了，穿上干干净净的衣服，一齐躺在床上，闭上眼睛说：好吧！一齐去吧！"如此死法，是约定，最终却不能与子偕老。

江湖蜿蜒而进，山谷有高低，生命的流水从来不是顺流而下，一泻千里。

岁月相催还不急，世事互折迫眼前，三毛曾对牵肠挂肚的父母说："我们再不好也不过是分手而已，将来的事不去愁烦，荷西去潜水，给他去潜，如果出事了，人生也不过如此，早晚都得去的，也用不着太伤心。”天地不仁，以万物为刍狗，无论贫富贵贱，生和死，来和去，都有他的时间。

三毛早有心理准备，事到临头时却仍旧猝不及防。她怕着这一天——因他潜水打过他骂过他，她怕得哭——

我打过他几次，他这一生。我在帐篷里面睡觉，我们两个人，荒山野地的。睁开眼睛他不见了！然后我知道他到水里去了！我就站在悬崖上看着那波光粼粼的海。从早晨九点钟，我饭也没得吃，到他四点钟上来，我眼睛就盯住那差不多每四十五秒他就要冒起来一次的人。他上来我从悬崖上冲下去打他！他说，现在几点？我说现在下午四点。他说，他以为才九点半……鬼喔！我当然想打他！喔……好急喔！那个会很急喔……实在是太爱他啰……

荷西终究还是把自己送给了大海。西属撒哈拉战乱时，他全身而退，摩洛哥与毛里塔尼亚两国瓜分时，他迁移加纳利群岛，不想却在拉芭玛岛潜水身亡，这样的意外是不是冥冥中的天意，将军死于马背上，潜水者死于海水？死得其所。

可是，三毛呢？上帝赐予她另一半，当他们合为一体时，又生生地给劈开了。之后的日子便是痛和煎熬……“枕前泪共阶前雨，隔个窗儿滴到明。”春蚕到死，蜡炬成灰，对于荷西的思念之情犹似西江水，日夜东流不歇止，三毛与荷西的爱情成了她生命中最美的句点。

1976年，因为身体不适，三毛返回台湾。在台休养期间，三毛参加了诗人余光中发起的“让现代诗与音乐结婚”的民歌运动，余光中交出了著名的《乡愁四韵》，而三毛写了《橄榄树》。橄榄树盛产于西班牙南部，那里正是荷西的故乡。

对于这首最能代表自己的歌曲，三毛很不以为然地说："……如果流浪只是为了看天空飞翔的小鸟和大草原，那就不必去流浪也罢。"对于三毛而言，流浪并不是为了景而是为了人；她喜欢的也不是流浪本身，而是在流浪中找到她那棵可以依靠的橄榄树。

三毛最受推崇的作品是《橄榄树》《撒哈拉沙漠》《哭泣的骆驼》，而在这些作品背后有一个共同的名字——荷西。

荷西下葬后，三毛的父母留在岛上陪着她。一天中午，三毛将车子停在墓园，望着前面的路和行人发呆，路过的人都依岛上的习俗过来握住她的手，亲吻她的额头，说几句致哀的话然后走开。此时，她的手里还捏着一大堆公文材料，等她去办理的各种手续，去葬仪社结账，去法院申请死亡证明，去市政府请求墓地样式……

她开车到镇上，远远地看见父母亲手里拿着一把花，蹒跚而行。他们正打算去墓前看荷西，天气炎热，要爬上墓地的山坡很不容易，她要开车送他们，知道她忙着办那些法律手续，他们坚持不肯，母亲几乎要哭出声来，三毛才作罢，眼睁睁地看着两位老人互相搀扶着去为不到30岁的女婿上坟。白发人送黑发人，又是另一种无法言说的痛楚。他们一直很喜欢这个女婿，说："荷西是好人。"荷西自然是好人，他是唯一待他们女儿好的一个。

第二天，三毛一个人悄声去墓地，荷西的坟上，泥土还没有干，她用手挖泥土，血从指甲里流出来……

她拿出缝好的小白布口袋来，黑丝带里，系进了一握他坟上的黄土。自言自语地说道："跟我走吧，我爱的人！跟着我是否才叫真正安息呢？"她要回台湾了。

我替你再度整理了一下满瓶的鲜花，血也似的深红的玫瑰。留给你，过几日也是枯残，而我，要回中国去了，荷西，这是怎么回事，一瞬间花落人亡，荷西，为什么不告诉我，这不是真的，一切只是一场噩梦。

离去的时刻到了，我几度想放开你，又几次紧紧抱住你的名字不能放手。黄土下的你寂寞，而我，也是孤伶伶，为什么不能也躺在你的身边。

父母在山下巴巴的等待着我。荷西，我现在不能做什么，只有你晓得，你妻子的心，是埋在什么地方。

苍天，你不说话，对我，天地间最大的奥秘是荷西，而你，不说什么地收了回去，只让我泪眼仰望晴空。

我最后一次亲吻了你，荷西，给我勇气，放掉你大步走开吧！

荷西走得太突然，没有一句告别的话留给三毛。三毛最后回首的那一眼，阳光下的十字架亮着新漆。她不敢挣扎，只是全身发抖，泪如泉涌，"那个十字架，是你背，也是我背，不到再相见的日子，我知道，我们不会肯放下。"

半年后，三毛回加纳利群岛看荷西。

她冲到他的墓前，惊见墓木已拱，十字架旧得有若朽木，而荷西的名字，也淡得看不出是谁了。三毛丢了手中的花，扑上去亲吻碑上的名字，相思成灰，痛楚仿若万箭穿心穿透了她身体。“是我远走了，你的坟地才如此荒芜。”三毛满怀愧疚与心酸地亲自修整墓地，她先插好了花，在瓶子里注满清水，然后就要下山去买油漆。

阳光下，三毛一手提漆桶一手抓住签字笔，很认真地一次次填过刻着的木槽缝里——荷西·马利安·葛罗。安息。你的妻子纪念你。

三毛靠在树下等油漆干透，然后再要涂一次，再等它干，再涂一次，涂出一个新的十字架——

三毛渴了，倦了，也困了。她靠在他的墓前，仿佛再次靠在他身边，一如过去的年年月月。没有眼泪，没有恸哭，她慢慢地睡了过去，梦里荷西轻笑着叫“Echo，Echo”，她双手挂在他的脖子上。

远方有什么人在轻轻地唱歌——

记得当时年纪小
你爱谈天
我爱笑
有一回并肩坐在桃树下
风在林梢鸟儿在叫
我们不知怎样睡着了
梦里花落知多少

方知人生如梦

三毛从台湾又飞回加纳利群岛时，亲友送行。其中朱天文挽着三毛，舍不得放手，说这次分别不知道何时再相见，三毛不以为意，出发心切——三毛一向喜欢说“出发”，不说“离别”——以前是因为出发是一种企盼，一种追求，一种渴望，但这一次，再没有年轻时的对未知的激情，对异乡的好奇，她一心想要离开，离开。三毛在心里说：“其实见不见面哪有真的那么重要，连荷西都能不见，而我尚且活着，于别人我又会有什么心肠。”

三毛看上去已有些心灰意冷，短雨残云都没了意绪，但是别人却不明白她朝朝暮暮的寂寞，天文竟略带不满地责问说：“三毛，你可是有心没有？”三毛想天文问得奇怪，她答了一句：“云在青山月在天。”心里说，你可是懂了还是不懂呢？天文可是懂了还是不懂呢？世人，又是懂了还是不懂呢？云绕青山月映天，没有青山没有天，云和月将何附焉——失去了荷西的三毛如今还会有什么心肠？

荷西的死让三毛领悟到“人生如梦”，她的心已经被他带走了，世间事，于她又有什么相干？

然而世间事也还烦扰着她。

她一回到加纳利群岛，公婆叔侄小妹全找上来。因荷西没有遗嘱，公婆法律上当得的部分并不是他们私下同意便成立，必须强迫去法院。三毛已去法院申报遗产分割之事，法院说如果公婆放弃继承权，那么手续便快得多，公婆自然不会放弃继承权，他们再三叮咛要快快弄清，所以三毛一来就开始申请文件，仅是证明文件约要二十余张，由西班牙南部公婆出生的地方开始办理，三毛个人的文件更是困难，因西属撒哈拉已不存在，文件证明不知要去哪里摸索。

想到这些缓慢的公文旅行，真是不想活了。

此时，每一件小事都是压倒骆驼的稻草。心力交瘁的三毛在马德里打电话给父母，还要让台北付款，因为婆家人不放心，怕三毛不付电话费，不肯让她打。西班牙的婆婆也是恶“东风”，人情薄似纸。

他们要谈加纳利群岛那幢房子的处理，三毛已经失去了荷西，他们还要剥夺她唯一的栖身之所。她看着每一张突然沉静下来的脸，心，又完全破灭成碎片一般，在风里无着无落地飘。保护她爱护她的丈夫已经离去，剩下她自己在这些牛头马面的人群里挣扎。

在饭桌上是商讨“大计”的时刻，唯有公公还算疼爱她，一到吃饭时便将助听器关掉，什么也不愿听，三毛没这样的遮蔽，低头敛气听着噼里啪啦的争端。

姐夫将餐巾啪一下丢到桌子上：“我也是很忙的，你推三阻四做什么？”

这时妈妈突然戏剧性的大哭起来，“你们欺负我……荷西欺负我……结婚以后第一年还寄钱来，后来根本不理这个家了……”

只有妹妹还算讲理，叫了起来，“你给我住嘴！你们有钱还是荷西、Echo有钱？”

钱，自古家族争端的根本，人去楼空、人走茶凉、人面桃花，三毛这枝灼灼的桃花已将萎谢，却还要支撑着站起来，有气无力地说着：“妈妈，你平静下来，我用生命跟你起誓，荷西留下的，除了婚戒之外，你真要，就给你，我不争……”

一句“不争”，婆婆方才静下来，公公却啪一下打桌子，虚张声势地大喊一声：“荷西的东西是我的！”

……

飞絮盈盈，秋千划过受伤的残阳。三毛倚在栏杆上，病魂已似这荡悠悠的秋千索。她轻轻地叹了一口气，有气无力地说道：“伊丝帖，连荷西的死也没有教会你们一个功课吗？”

“什么？”妹妹伊丝帖有些吃惊，原来荷西的死对于他的家人如碧波上扔了一枚石子，荡了荡，几圈波纹全都消失了，死别的震动唯有三毛一人承受。

她对于妹妹的惊讶仍旧是淡淡的，顺手替她拂掉了一丝树上飘下来的飞絮，意味深长而又恍如隔世般地说：“人生如梦——”

人生如梦啊！

三毛仰身远望，似乎看见自己已经化身为天地间的沙鸥，飘飘窅窅，渐行渐远。昔日桃花流水莺啼白鹭飞，今朝落花水流春去鳜鱼死。今非昔比，不同往日。痛着你的痛的人已经没有了。

体验永远只是你自己的，连做母亲的临走时也不忘买一块免税手表回去。他们只会说节哀顺变，只会说你要勇敢，可是，当事者，我哪里勇敢得起来。

荷西下葬期间，哀伤把她弄得死去活来，三毛把父母亲全都忘在一边了，他们的世界因为没有三毛语言的媒介已经完全封闭了起来，而日用品的缺乏更不在她的心里了。

三毛只记得荷西的家属赶来参加葬礼过后的那几个小时，自己被打了镇静剂躺在床上，药性没有用，她仍然在喊："荷西回来，荷西回来！"父亲当时也快崩溃了，而母亲却把她交给眼泪汪汪的好朋友格劳丽亚。她躺在床上，只听见厨房里油锅刺啦啦的声音，她的心被这滚油熬煎着：荷西死了，荷西死了，他们却还在做饭！事后她才知道那是母亲发着抖撑着一个小平底锅在一次一次地炒蛋炒饭，给她的婆婆和荷西的哥哥姐姐们开饭，而那些家属，哭号一阵，吃一阵，然后赶着上街去抢购了一些岛上免税的烟酒、手表和相机，匆匆忙忙地登机而去，包括做母亲的，都没有忘记买了新表才走。

以后呢？以后的日子，再没有听见厨房里有炒菜的声音了。为什么那么安静了呢，三毛想着，也没看见父母吃什么啊！直到有一天，她看见憔悴的母亲颤巍巍地走去超级市场，都快认不出了，想到母亲是在台北住了半生也还弄不清街道的人，现在居然一个人在异乡异地拿着口袋到处打手势问人菜场的路，她自责得恨不能自己死去。

三毛据此写下《背影》，比朱自清更哀伤：

母亲腋下紧紧地夹着她的皮包，双手重沉沉地各提了两个很大的超级市场的口袋，那些东西是这么的重，使得母亲快蹲下去了般的弯着小腿在慢慢一步又一步地拖着。她的头发在大风里翻飞着，有时候吹上来盖住了她的眼睛，可是她手上有那么多的东西，几乎没有一点法子拂去她脸上的乱发。

可是她手里牢牢地提着她的那几个大口袋，怎么样的打击好似也提得动它们，不会放下来。

我赶快停了车向她跑过去："姆妈，你去哪里了，怎么不叫我？"

"去买菜啊！"母亲没事似的回答着。

"我拿着超级市场的空口袋，走到差不多觉得要到了的地方，就指着口袋上的字问人，自然有人会拉着我的手带我到菜场门口，回来自己就可以了，以前荷西跟你不是开车送过我好多次吗？"母亲仍然和蔼地说着。

在台湾期间，父母很希望她跟同龄的朋友出去玩，以缓解悲伤，他们再也不能看着她再次把自己关在屋里，像二十年前一样。三毛不想让父母担心，欣然答应，做出快乐的样子。然而，等父母出了门，她还是拒绝了那些电话的邀请。

她一个人待在空荡荡的房里，一边做着针线，一边想到同年龄的那群朋友们还在跳舞，那一针又一针长线便是整整齐齐也乱了心思。她在心里说：即便是跟了去疯玩，几小时之后亦是曲终人散，深夜里跑着喊再见，再见，虽然也是享受，又何苦去凑那份不真实的热闹呢！

千里搭长棚，没有不散筵席，爱热闹的三毛终于体悟了这真理；一切有为法，如梦幻泡影，她还是静坐家中作如是观为好。

三毛体验着缝纫的踏实的过程，当这份成绩放在眼前时，她禁不住要问自己：难道真的要跟谁去跳舞？哪儿又响着夏日海上的微风呢！

她的心动了动，然后去浴室用冷水浸了脸，细细地编了辫子，换一件使自己精神些的旧衣，涂亮一些自己已经黯淡了许久的眼睛，憔悴的脸上只一点点淡红，就已焕发。浮云变了今昨，她仍然不敢对镜太久，怕看见瞳仁中那份怎么也消失不了的相思和渴望。

那相思和渴望！

她当然不会出去跳舞。

父母亲快要回家来了，她赶紧跑到厨房把自己煮的饭倒掉，以掩饰她并没有出门。他们刚刚进门，便笑着迎了三毛过去："回来啦！好不好玩？"

（真是可怜天下父母心！庄子说，"道之所以亏，爱之所以成。"有分辨就会有是非，有是非就会有爱，有爱就会有偏私。人如何做得到不偏私呢？在自己的父母面前，将他们与别人相比，这份情义从来都是不一样的，没有，从来没有什么人比他们的爱更无私了。）

她自然说了一大堆的好。

母亲又问起她的周末来，三毛亮着眼睛喊道："都忙不过来！只有早饭是在家里吃的，乱玩了一大场，电话又多，晚上还跟朋友去跳了一夜的舞呢！"

这样的日子怎么过下去？她不要父母担心，她不要自己成为一个累赘，不要仿佛又回到十三岁刚辍学的噩梦，让所有的人小心翼翼地对待她，仿佛对待一个怪物。而且，那些朋友啊，读者啊，她也无力应对了，她不要在台湾做三毛。所以才决定，回加纳利岛。

落定后的沉静

“山河岁月，绵绵地来，匆匆地去。什么？什么人在赶路？醒来，我正坐在梦中的火车上，那节早已踏上了的火车。”

梦在弗洛伊德那里已经不是偶然现象，它作为人的潜意识活动，代表了人最本真的欲望和状态。米切尔夫人笔下的郝思嘉总是在做同一个梦，一个人在森林里奔跑，林中大雾弥漫——她被某种恐惧追逐，孤独、无助；在荷西离去之后，三毛多少年来同样的噩梦又回来了，夜里匆匆地赶火车，一个人，总觉得赶不上了赶不上了……我也经常做一个人赶火车的梦，火车倒是坐上了，但不知道去哪里。黑暗中，那节车厢里只有我一个人，外面风呼啸，我拉了沉重的箱子向另一节车厢中走去，是怕坐过站，另一节车厢中仍旧没有人。我茫茫然地，想，也许已经坐过站了，而火车仍旧疾疾地前行。

李煜说，“梦里不知身是客，一晌贪欢。”其实真正孤独的人，在梦里也不能感受片刻的温馨，所以我以“梦里也知身是客”给我的随笔集命名。梦，也是噩梦。

一个网友说：我的忧伤无法诉说，孤独是一生一世的事情。

一生追逐爱情的三毛也忽然懂了，“哪一个人不是孤独的生，孤独的死！”人永远处于缺乏安全感中，当她一个人的时候，这种不安全感就被无限放大了。

也曾对你说过，暮色来时，我会仔细地锁好门窗，也不再在白日将自己打扮得花枝招展，因为我很明白，昨日的风情，只会增加自己今日的不安全，那么，我的长裙，便留在箱子里吧。又说过，要养一只大狼狗，买一把猎枪，要是有谁，不得我的允许敢跨入我的花园一步，那么我要他死在我的枪下。

记者西沙去拜访三毛，当她告诉邮局局长她只是三毛的一个读者时，局长便无论如何不肯成全她了，理由是：“Echo现在是一个人居住，陌生的访客不能随便往她家中去。”可见，三毛在此很受爱护与关心。

西沙一个人在咆哮的海滩上行走，阳光亮烈，海风悠扬，却连一个人影都不见，大有“野渡无人舟自横”的荒凉之感。沉重的黄昏低低地压下来，四周静得要窒息了一般。一个穿着牛仔布短裤梳着两条辫子的女人在给草地洒水，她的头低低地垂着，这便是三毛了，西沙在等她回过头来，好发现自己。

可是在她那几本浅近的书里，几年来，总有一些信息在呼唤着我，她的作品充满着一些神秘的而又完全说不出是什么的东西，那不只是她文字的风格清新，更不是她纸面上的生活点滴，而是她那个人、那份真、那份传奇引得我今天坐在她隐居的海滩上，如同一个少年似的盼望

着这次的会面。事实上我竟对自己有一些伤感和怨恨，为什么像一个傻瓜似的走到了此地，只为了看一看那个名叫三毛的人。

见远方来客，三毛并没有热切地迎接。她的目光炯炯有神，能把人看得茫然失措。

西沙跟随她走进房里，客厅正中间一面大窗，一大半被米色的窗帘遮住了，一套老式的碎花沙发衬着黄色的地毯，沙发上散放着许多靠垫。古雅的花边式的白色台布罩着一个老式的圆形茶几，靠墙的左手是一面几乎占去整个墙的书架，一套亦是古式的雕花木餐桌椅放在沙发斜对面，细藤的家具，藤椅上放着红白相间的格子布坐垫，上面靠着两个全是碎布凑出来的布娃娃，灯罩也是藤做的，吊得很低。墙上挂着生锈的一大串牛铃，非洲的乐器，阿富汗手绘的皮革。墙角有一张大摇椅，屋梁是一道道棕黑色的原木，数不清的盆景错落有致地吊着放着；里面一间却非常明亮，铺着草编的地毯，一个彩色斑斓的旧书架靠在墙边……

三毛的家如此布置给人一种殷实的感觉，这里没有一样贵重的东西，却让人意识到里面住着的人并不贫穷，也没有失了男主人的凄凉，优雅的盆景和别致的粗陶参差成一份风格不凡的摆设，却不乏家的气氛。

西沙拿出三毛的书来签名，是盗版，倒是三毛非常善解人意地说了一句：“对于读者其实是一样的。”她彬彬有礼，让你既不感到受了冷落却也不能再亲近，淡淡的，三毛的内心思维再不形于色，有一种经过大苦难或大欢喜之后的恬静与安详。

书架上搁着两张放大的照片，一张是荷西穿着潜水衣的单人照，英俊逼人；另一张是夫妻两人的合照，照片前面插着几朵淡红色的康乃馨——房内唯一的鲜花，其他都是盆景和绿色的植物。

西沙正不知道要不要脱鞋，三毛顺口说：“我们也不脱鞋的。”荷西逝去已十一个月了，而她仍用“我们”这两个字。她一个人孤单地住在这个天之涯海之角的海岛上，过着隐居的日子，就此她却淡然一笑，说：“太多的亲情友情反而是负担，这样一个人住也是清静，也是好的。”

三毛的笑让人觉得沧桑且哀愁。

西沙告辞，三毛要开车送她。她匆匆地关好窗，锁好门，细心又利落。

三毛穿着厚毛袜粗球鞋站在这满山枯草的原野，大风一缕缕吹过来，显得静而寂寞！

第二次见三毛，她走在高墙上，手中提了一个空的铁皮桶，正在给她的蔬菜瓜果施肥，西沙要帮她提桶，她躲过，说，“你做不惯的。”桶里是一些干粪，真是霎时万变的一个人，一会粗布麻衣，一会丝绸锦缎，于她，都是这样的贴切自然。她一边笑着解释说：“谢谢你送我机票，航空公司通知我去，说是一位周先生在英国付了来回票价。我是去了的，不是拿票，是想退票领钱，可是他们不答应，说是不要拿票就是不接受，现金是不能给我的。”居然自己承认想赚这笔西沙送她的旅费。

电灯是自己接的，凉棚也是自己钉的，当小工拌水泥，运沙，搬砖……三毛孩子似的纯真，摊开那双粗糙的小手来看。

末了，她说：“你知道，我的家便是我的城堡，这里面并不欢迎外人呢。”三毛已将朋友的好意看成了负担，她并不喜欢访客。她的坦白和真诚没有让西沙过分窘迫，她送她去旅馆的公交车车站。

西沙并没有真走，晚上，她又偷偷地来到三毛处，三毛的门灯弱弱地亮着，几辆汽车在门口一字排开，房内灯火通明，一阵阵笑语和歌声传出来，热闹而喧哗。西沙想："这是一个奇怪的女人，先说自己要绝对的宁静，却一下子请了十二个朋友吃饭。"三毛是个强势女子，她想静还是想要闹全在自己一手掌握，却又不露痕迹，如孩童般不谙世事的样子。

三毛穿着一件深黑色长裙走出来，裙摆和袖口滚着极宽的大红大绿的滚边，胸前一片锦绣五彩花线，煞是大方、高贵，一头蓬蓬的黑发披了一肩，双颊红扑扑的，盈盈笑意在眼间湍湍流动。

该是曲终人散，夜阑人静之时了。朋友们一个一个与她拥吻道晚安，那么的友爱亲密，男男女女。三毛已经是一个没有国别没有性别的奇人。

藏在篱外的西沙还是被三毛发现了，她哑着嗓子喊她，不知道是怪她还是心有忧烦，这散去的繁华里，灰烬重新覆盖了她。

西沙跟三毛一路走进超级市场，三毛边走边打招呼，她倒认识这里所有的人，到了卖香槟的摊位，一个漂亮女孩叫了一声："Echo！"三毛停下叫那个女孩子倒了半杯香槟给西沙试。

然后三毛一路吃过去，圣诞节快到了，很多女孩子都在请人尝试产品，她一样一样吃，跟人说说笑笑，在超市里买了一些罐头食品和苏打饼干——一点都不像居家的主妇。她们出了超市，一个女孩子追出来，递给三毛一瓶香槟，三毛说："谢谢！"那个女孩喊了一声："圣诞快乐！"上来亲吻三毛。一刹间，西沙看到她们两人的眼圈都有些发红，几乎要溢出眼泪来，却仍旧对望着笑，什么也不说。这一刻，仿佛所有的人都体会三毛的心情一样。

这个不太小的小城路上挤满了人，三毛五步一停，三步一招手，家家商店看见她都在点头，不然便是人家拦住她，亲她。一个人能如此受欢迎，绝不是偶然的。

“西沙，你喜欢吃软的羊乳酪还是硬的？我的朋友要我跟他去家里拿呢！”三毛说着便往牧羊人家里跑，出来时她抱了一个圆圆的酪出来，又来车里掏钱，硬塞给人家一张大钞，便上车跑了。

“这么一来，比市场买的还贵了。”西沙忍不住说。

“乡下人苦，总不能白占人家友情当便宜。”三毛不以为然。

“可是你也要有算计！”西沙看到她一个早晨已不知付了多少张大钞出去，才这样说。

“钱有什么用？”三毛冷笑了一声。

西沙想：三毛讲起金钱如此狂傲，亦是她豁出去了。以前和荷西一起时，几张席子，一间铁皮屋也可以过得快乐；如今，她一个人住在海滨的大房子里，有什么用？最后三毛又将路上买的苹果和乳酪全送出去，换了一盆花。

回到院子里，她走过低垂的相思树，说：“明天这些树枝要剪了，不然来家里的客人总是要低头！”说完她自己手一拂便排开了挡路的枝枝叶叶，西沙看见她这一个小动作，又是一惊，三毛不低头的。

晚上，有人来接三毛，一个衣着笔挺的微胖的中年男人，气质看上去便是社会成功人士的那种典型，他从车内拿出一个玻璃盒子，三毛接过来，顺手把披肩递给那个人，双手捧起花闻了一下，有些心不在焉的。然后她转身打开门口的邮箱，居然把花丢了进去，看似无礼的举动——来接她的人倒是有涵养，一举一动都诉说着爱的关切。

车灯又亮了一下，看见三毛侧过头来对着那人，竟是一个又温柔又伤感而又夹着一丝丝抱歉般的微笑。倦的，沉沉静静的一个成熟的女人。

连同她的沧桑也在车灯这一亮中一闪而过，会不会有一个关于爱的故事要再次上演了?

第五章

窗外的风景

万水千山入迷城

荷西过世后，三毛在父母扶持下回到中国台湾定居，结束了长达14年的异乡生活。

这期间，三毛在文化学院、政工干校和家专教了两年书，她又想飞了，离家继续流浪——

一九八一年底，三毛接受《联合报》的赞助，与摄影师米夏到中南美洲旅行。

听见音乐，那些西班牙人就在大庭广众下旋舞，毫无顾忌。一开始三毛想，怎么会这样开放？后来她感染了他们热情的天性，这种热情和开放不知不觉融入到自己的血液里。去西班牙的时候，是因为失恋，失恋让她怀疑爱情，所谓物极必反，她变得大方，招摇，像一只翩翩起舞的花蝴蝶。她像花蝴蝶一样，飞舞，却不留情。在马德里文哲学院时，热情奔放的西班牙人总是在夜晚组成情歌队来唱歌，天主教书院的女生宿舍窗口下必有一支歌是指明了专送给Echo的。因失恋而背井离乡的三毛明白青春是甜美和迷人的，但也是短暂的，她主张尽情挥洒，过期作废。每当情歌队叫出她的名字，她就会在吉他的间奏声中步上阳台，月光如纱，轻笼着这个在情歌的旋律中沉醉的梦一样的少女。

然而这次旅行，已经和第一次去西班牙不同了，像奏鸣曲从Ⅰ级到Ⅴ级再回到Ⅰ级。在Ⅰ级的时候我们的生命是比较按部就班的生命，然后慢慢地离开这种“按部就班”，上升到了Ⅴ级，这种变化只有你在那个地方（Ⅴ级时）才能感受到，感受到了之后你再回来，但你回来之后的生活就和先前完全不同了。

短短十年，三毛遍历大半个地球，除了比较发达的欧美国家，甚至东德、波兰、南斯拉夫、捷克、丹麦都去过了。更是有过沙漠蛮荒的经历，所以对中南美这些半开化的民族，她还是无所忧惧的。

初到墨西哥，不能习惯它的高度，她的右耳剧痛，鼻腔流血，很容易疲倦。恰好已经认识十四年的约根也在这座城市，他来接机，俨然一副外交官的架势。三毛和助手米夏进了他那豪华的公寓，米夏一个劲儿地惊叹，还忍不住用中文说：“阿平，请你听我一次话，他这样有水准，你——”三毛不屑一顾，还老是怪他没见识。她在心里感慨：正是大梦初醒的人，难道还不明白什么叫做盖世英雄难免无常，荣华富贵犹如春梦吗？

桌上摆着几本三毛的书，约根又赶紧放《橄榄树》——这一切在三毛眼里有些做作，有些夸张，有些可笑，三毛也不言语，只是“心里一阵厌烦涌上来，本想好好对待他的，没有想到见了面仍是连礼貌都不周全，也恨死自己了。世上敢向他大喊的，大概也只有我这种不买账的人。”

他像《青春之歌》里的余永泽一样，把她当成一件可以炫耀的物品，在家里宴客，请来众多的朋友，把三毛推到前面。三毛是懒于应酬的，也只好在沙发上安静地坐着，手指夹着烟，有一搭没有一搭地说句话。“约根坐在我对面，神情严肃地对着我，好似要将我吃掉一样的又恨又爱地凝视着。”这是一种爱而不得的表情，他拿她没办法。

夜色中，室内烟雾缭绕，酒气熏天，男女的笑声变得暧昧，一个叫莎宾娜（真是侮辱了昆德拉笔下的萨宾娜）的女人突然高叫起来：“我恨我的孩子，他们拿走了我的享受，我的青春，我的自由，还有我的身材，你看，你看——”衣服一件件脱下去，她大嚷着，张开了双臂站在大厅里，眼睛迷迷蒙蒙，说不出是什么欲望强烈地狂奔而出。“来嘛！来嘛！谁跟我来跳舞——”就像一只饥饿的兽，在这墨西哥神秘的夜里开始行猎了。

这所公寓里充斥着奔流的欲望，三毛不敢去阳台，“什么人在那儿纠缠拥抱，阴影里，花丛下，什么事情在进行……”

第二天，三毛搬出了这座被她称为“大蜥蜴之夜”的公寓。

报社给的经费充足，三毛还是要一味节省。旅馆条件很差。她躺在黑暗里，总听见警车或救护车激昂而快速地哀鸣划破寂静的长夜。“这种不间断的声音，带给人只有一个大都会才有的巨大的压迫感，正是我所喜欢的。”她始终是个爱搞怪的女子，能够体会人生另一层的粗犷和飒利。这也是她喜欢黄沙加烈日的撒哈拉而不是美酒加咖啡的法国的原因吧。在生命上撒把盐，不让它不痛不痒，温水煮青蛙地慢慢耗死。

第二天，三毛就去参观了墨西哥“国家人类学博物馆”。神像耸立，每一个石刻的脸看痴了都像魔鬼，它们给人的感应是一股强大的邪气，而不是所谓神教给人的那种祥和永恒的安宁及企望。三毛说：“它们是惩罚人的灵，而不是慈祥的神。”

三毛最喜欢两个神——玉米神和自杀神。喜欢玉米神是因为她爱吃玉米，而自杀神，却是感觉新奇，有趣又别具意义，世上无论哪一种宗教都不允许人自杀，只在这墨西哥发现了这么一个书上都不提起的小神。她所爱的是这种宗教给了人类最大的尊重和意志自由，不像其他宗教的霸道，剥夺了人不愿赖活着想要自行解脱的自由。这小神在图画里，它自己就是吊在一棵树上的。三毛跟着导游小跑，问古时的自杀神到底司什么职位，是给人特许去自杀，还是接纳自杀的人，还是叫人去自杀？导游也答不上来，只笑着回了一句："你好像对自杀蛮感兴趣的，怎么不问问那些影响力更深、更有神话意义的大神呢？"

之后去了巴拿马，三毛见到了表妹美妮，已经不是那个留着长发、文静不语的女孩了，她羼杂了拉丁美洲文化的性情：开放、坦率，流利的西班牙文夹着泼辣的语调。是十年异乡艰苦的环境，使她从文弱变得坚强甚而有些强悍。

用餐的时候，三毛无意间讲起表妹祖母在上海过世的消息，本以为她早就知道的，没想这一说，她啪一下打了丈夫一掌，惊叫起来："德昆！德昆！我祖母死啦！死掉啦！"说着便要哭出来，一转念，她自说自话找了一番安抚的理由，偏又好起来。这又是另一种与三毛不同的强壮，与表妹相比，三毛还是太纤细了，表妹的强壮是顺时势，三毛的是让时势顺她，所以，美妮比三毛更容易存活。望着这个直来直去，毫不客套，也不特别安慰人（他们说到了荷西的死）的表妹，三毛想：要是有一日，巴拿马的经济不再繁荣，大约也难不倒表妹夫。太太孩子一带，再去个国家打市场，又是一番新天新地。中国人是一个奇怪而强韧的民族，这一点是在在不同于其他人种的，随便他们何处去，中国的根，是不容易放弃的。

说起哥伦比亚这个国家，旅游手册中除了详尽地介绍了历史地理和风土人情之外，竟然直截了当地称它为“强盗国家”。三毛来到了这个强盗国家，刚坐出租车，就领教了一回。

司机没有扳下码表，到了目的地乱收费，三毛明知价格不合理，也因高原反应没有力气争吵，而米夏的西班牙文只够道早安和微笑，只得妥协，一路过来别的国家没有这么欺生的。

初来其首都波哥大的前几日，三毛看见街上每个人紧紧抱着他们皮包的样子，真是惊骇，她想：生活在这么巨大的、随时被抢的压力下，长久下去总是要精神衰弱的。她与米夏新搬去的那家旅馆，上个月曾被暴徒抢劫，打死了一个房间内的太太，至今没有破案，不过自此门禁倒是森严了。

米夏一来此地，先是自己吓自己，睡觉房间锁了不说，再用椅子抵着门，每次唤他，总是问了又问才开。

三毛觉得好笑，越是如此，她越不带上他。

三毛喜欢吃小摊子，看中了一个小白饼和一条香肠，炭炉上现烤的。卖食物的中年人叫她先付二十五披索，防人之心不可无，在这“乱世”之中，三毛说要一手交钱一手交饼，他说三毛拿了饼会逃走，一定要先付。三毛只好给了三十披索，站着等饼和找钱，收好钱的人不再理她，开始他的叫喊：“饼啊！饼啊！谁来买饼啊！”

三毛问他：“怎么还不给我呢？香肠要焦了！”

卖饼的却说：“给什么？你又没有付钱呀！”

这时旁边的另一群摊贩开始拼命地笑，望望她，又转向别的地方笑得发颤。又被人欺负了，三毛才明白过来。起初还与这个小贩争了几句，眼看没法赢他，便也不争了，只对他说：“您收了钱没有，自己是晓得的。上帝保佑您了！”说完这话她就走了，还回头朝那人笑了笑，那人假装东张西望的，连看也不敢看她。三毛心里说：要是照着过去的性情，管他在谁的地盘里，就算自己单身一个，也必然要将那个小摊子打烂。那份自不量力——而今是不会了。

关于哥伦比亚之行，三毛的报道被一个哥伦比亚神父看到，给三毛写信抗议，三毛回信道了歉，不愿意伤害一个到中国传播爱心的神父，还把那封致歉信发表出来，说自己可能以偏概全了，毕竟善或者恶都不是聚集在某一个地区的，它是普遍存在的。信中说：“对于这个美丽的世界和生命，除了感恩之外，必然将天主的爱也分布到人间。爱，是没有国籍也没有肤色之分的。”

还是在哥伦比亚，三毛独自爬上一座山，想去顶端那座叫“蒙色拉”白色修道院，据说那是“必抢”之地——她自忖我倒没有什么可被抢的。

上得山，看见神坛上吊着一个金色的十字架，在暗暗的烛光里，一个玻璃柜中放着有若人身一般大的耶稣雕像：背着十字架，流着血汗，跪倒在地上，表情十分逼真。

在跌倒的耶稣面前，点着一地长长短短的红蜡烛，柜子边上也放着许许多多蜡做的小人儿，有些刻着人的名字，扎着红丝带和一撮人发。三毛看着那些代表各人身体的小蜡像，还有幽暗的烛光下那些挂着的拐杖，觉得恐怖瘆人，南美洲将天主教和他们早期的巫术混在一起了。

对于神迹，甚至巫术，三毛是接受的，她望着圣像前那穿行的一地人，其中一位中年人也是撑着拐杖来的，燃了一支红烛，虔诚地仰望着跌倒在地的耶稣像，眼角渗出泪来……

那是个感应极强的地方，敏感的我，觉得明显的灵息就在空气里充满着。我被四周的气氛压迫得喘不过气来，自己一无所求，而心中却好似有着莫大的委屈似的想在耶稣面前恸哭。

也许，最野蛮的地方有其最神圣的所在。

厄瓜多尔的高地，让三毛产生了似曾相识的感应。

她定定地望着那座耸入云霄的雪山，迎面扑来的寒冷让她整个人飘浮起来，而这种熟悉的感觉使她要在车里飞出去一样。一时之间，过去种种经历如同放电影一般快速掠过，而念及亲人，也没有任何感觉了。三毛说："大概死，便是这样明净如雪般的清朗和淡漠吧！"

在路上遇到两位纯血的族人，有关自己前世是印第安人的那份猜测，又潮水似的涌上来。三毛的内心不由得涌出一股遇故知的狂喜——她们长得多好看啊——在心里与车边的妇人交谈起来。

这个小镇上全是印第安人。暮色更浓了，街上人影憧憧，一切如梦如幻，竟有不知身在何处之感。市集上近一万个纯血的印第安人跑了来，他们不但卖手工艺，同时也贩菜蔬、羊毛、家畜、布料、食物、衣服、菜种、草药……满城彩色的人，缤纷活泼了这原本寂静的地方。

真似回到了多少年前印第安原始的模样。

至于马丘比丘，被三毛称为迷城，只因这座在一九一一年方被美国人希兰姆·宾汉发现的废城至今考证不出它的居民何以一个也不存在了，便罩上了"失落的印加城市"的名称，有了这个诗意的富有想象力的名称，它也便慢慢知名于世了。"那片废墟里有鬼——"伊莲娜对三毛说。三毛笑笑，说："就是找鬼去呀。"这座山城内的居民一个也不剩下，挖出来的骨骸比例是十个女人对一个男子，所以嬷嬷拉长了声音说："处女城啊！"瑞士作家凡恩·登尼肯在书里说：全城的人神秘失踪，不是当年弃城而去，是被外太空来的人接走了。

心门已闭本无爱

三毛有一张沧桑的脸，也许对于一个失去丈夫的女子，这种沧桑的存在是合理的，千金纵买相如赋，脉脉此情无人诉。一个人失去了对自己来说最珍贵的东西，她存活的价值就容易被自己看低，常常生出活下去还有什么意义的感慨。

三毛后来也有很多追求者，比如那个彬彬有礼的德国人。姐姐陈田心说那个外交官很不错的，很有诚意，他数次来台湾找三毛，还陪她母亲一起吃过饭。姐姐说，“嫁了吧，嫁了吧，这样好的人还迟疑什么？”约根在姐姐的眼里就像在米夏的眼里一样，温文尔雅，德才兼备，满腔热忱，事业有成——这样一个有款有型，有财有势的男人是众多女子梦寐以求的对象——三毛却轻松地开玩笑说：“要我去端了杯红酒周旋在宾客之间，这样的日子我会疯掉的，我做不了这种事，太痛苦了。”

千头万绪只为一寸相思，可这人间却没个安排处。

三毛并不适合这些人，或者说这些人并不适合三毛，几年中没有一个走到一起的。也许她的心门已经关起来，无法再接受另一段感情。毕竟，那是大痛。她也想过要走出来，但没有办法重新接受，已是曾经沧海难为水。

所以，她对别人的感情多为友情。

三毛说：“我有一颗宽广的心，可以给任何我所爱的人。不管我在非洲还是在台湾，你们都是我爱的人。”这是一个文人的特质，不分性别的表达她的感情，“我爱你啊，我想你啊。”她随口就这么一说，但是在我们中国这样一个文化传统中，人们容易把这个“爱”窄义到男女私情，“你看她爱我啊。”——她是有这样写，这样说，但那是什么样的爱，只有她自己知道。

她是一个真诚的热爱生命的人。勇敢无惧，心怀悲悯。她所诠释的爱跟一般人的概念不同，比如她在街上看到你，不管是男是女，她就跑过去抱你，在她是很自然的，但这可能会吓倒别人——这也跟她在国外的生活习惯有关——会让人产生很大的误会。

她这种爱是没有性别的、中性的爱，虽然三毛很活泼的对每个人都充满亲切的热情，却不表示那是一种世俗的男女情爱，更不能把这些误会为她随便虚掷的情爱。如果把三毛文字、书信里或口头上的热络情谊理解为一种“爱”，那真是太不了解三毛了。

三毛有很多朋友，她喜欢生活在爱的海洋中。

这种毫无避讳的坦率就给某些好事者制造了谈资，甚至成为书商和写手的谋利工具。

关于三毛与贾平凹的绯闻竟然被洋洋洒洒写了八本书：

号称“三毛研究专家”的张景然这套“贾平凹三毛：往事　逸事　秘事”丛书，还真赢得了市场，在全国图书订货会上，总售价达到80元的这套书，居然已订出了两万套。

事后贾平凹说："我和三毛，仅仅是作家之间的接触，喜欢一个人的作品，必然会对（他）她产生好感，这是人之常情，这种事咱也经常发生。我和三毛连面都没见过，通过一次信，根本谈不上感情、恋情呀什么的，如果要用八本书的容量来写，我就不懂了。"

原来张景然所谓的贾平凹授权是一张便条，他传真给贾平凹，贾平凹以为不过是写文章时摘用他说过的话，就签了字。

贾平凹和三毛的认识，是因为陕西有个记者到杭州开会时遇见三毛，三毛一听他是陕西的，就跟他谈自己怎么怎么喜欢读贾平凹的作品，但是没办法联系，希望贾平凹能给她寄些书过去，寄书以后，没过多久她就自杀了，她已经去世十几天，贾平凹突然收到她的信，也就是她的最后一封信……

可见，两个人连面也没有见过，虽然中国文人有所谓的神交，但贾平凹和三毛基本是刚通上话，而且还是读者和作者的关系。三毛在给贾平凹的信中说："在当代中国作家中，与您的文笔最有感应，看到后来，看成了某种孤寂。一生酷爱读书，是个读书的人，只可惜很少有朋友能够讲讲这方面的心得。读您的书，内心寂寞尤甚，没有功力的人看您的书，要看走样的……"三毛爱的是贾平凹的作品（其中"看成了某种孤寂"一句颇有张爱玲味）。

而与王洛宾的"邂逅"更是惟妙惟肖：

这一天，编导们说，要拍三毛访问洛宾的"戏"。三毛又充当了演员。编导一时来了灵感，为三毛设计了一套动作：身穿睡衣，蹑手蹑脚地走到洛宾卧室门前；再轻手轻脚地把从台湾带来的歌带放在门下——

给洛宾清晨起床后一个惊喜！戏是好戏，可也完全是做“戏”。三毛已身不由己，忍耐着把“戏”演完。她把早已送给洛宾的磁带拿过来，礼物成了道具，按照编导的要求，如此这般地表演一番，让摄像师摄入镜头。

拍完这场“戏”，三毛就病了，卧床不起。

三毛感到委屈，隔膜，陷入极度的痛苦。心中怨怼：洛宾啊！你为什么要引来那么多人介入我们的生活，难道电视片比你我本人更重要吗？洛宾一点儿也没有察觉三毛因为拍电视而引起的不愉快。他尽心尽力地照料三毛的身体。请来医生为三毛诊治，请来一个女孩照顾三毛的起居。而他自己，仍然忙于摄制组的活动。

身体和精神的双重痛楚折磨着三毛，她开始失望。潜在的名人意识，使她觉得自己被利用。心中的无名之火，愈积愈烈，如同地下岩浆，奔突着，寻找喷火口。

这天，终于爆发了！三毛下厨炒菜。洛宾盛饭。照往日的习惯，他给三毛盛了不满一碗。两个人对面而坐。正要举箸，三毛突然发作：“盛那么少，你要饿死我呀！”洛宾大惑不解，面对脸色煞白的三毛。

三毛却怒火中烧，近于歇斯底里地大叫：“我杀了你！”洛宾更加莫名其妙，默默地坐等三毛的下一个动作。三毛冲向客厅，拿起电话筒。找旅行社，订房间，订机票。继而收拾行囊，带着那只沉甸甸的皮箱，离开了洛宾的家。

还有另一个版本：

王洛宾高高兴兴地答应着，边盛饭边对三毛说：“我要告诉你一个好消息，你听了一定会欢喜的。星期六晚上，我要请一些朋友来家里，我们要为你举办一个华尔兹舞会，一来欢迎你到新疆，二来祝贺你病愈。你说好不好？”

三毛听着，所有的对来这儿的懊悔和对要离去的伤感汇成一股怨责之气：舞会，舞会，你以为我的心情很好，对这样的事情会很欢喜是不是？“你不愿跟我面对，我自会离开，决不让你为难，你又何苦三番两次地置我于我厌倦的境地？”王洛宾低着头，只顾自己说得高兴。他是真心实意的高兴，从三毛的作品来看，他以为三毛一定爱着这种气氛轻松活泼，形式热情奔放的聚会的，而且这些天，他一直忙着赶拍片子，对自己多少冷落了三毛感到自责，他希望能通过这种方式来弥补。

三毛越想越委屈。越想越气恼，怨责之气渐渐充塞了整个胸膛，像一只火药桶，一点即爆。

点火的是三毛自己。她借故王洛宾给她的饭盛少了，便歇斯底里大发作了：“我杀死你！”喊完，便立即收拾行李，马上搬了出去，住进了旅馆。

此时的三毛，便正趴在旅馆的席梦思床上，把脸深深地埋进去，回想着这些天来发生的一切。无法再待下去了，在这里，已没有什么能令她激动，令她兴奋，令她希翼，令她渴盼，已没有快乐可寻，已没有留下来的意义，走吧，走吧！

关于“我杀了你”这句话，普通人都理解为爱之切才会恨之极，而对三毛来说，她天生就是一个对自己感情的控制力很薄弱的人，一悲一喜，一爱一憎，全在一念之间，对跑到天台上去的那只羊她不也是狠狠地给了一耳光嘛，那是绝对没有爱的。三毛的感情在这里不是混沌的，而是分明的，她一到家，就挂了一个电话给朋友司马中原，开口便说：“我这次去看王洛宾，他并不像你所说的那样。我去他家，一屋子的媒体人物和当地干部，我有种被耍的感觉。我原本只是想和他单独聊聊的。"

是三毛的热心和对传奇的热衷把自己卷入一场可供猜疑的事件。

司马中原曾写过一篇《三毛的生与死——兼谈她的精神世界》，谈到三毛究竟是怎么到内地认识王洛宾的：

有一年我去香港，听到由内地流寓到香港的女作家夏婕说起：她在新疆下放时期，曾跟音乐家王洛宾共处过很长的一段日子，王洛宾早岁命运悲凄，生活多受磨难，晚年太太又病殁了，他孤零零地死守在美丽的新疆，仍然不断地采集歌谣。每天黄昏，他都坐在门前看夕阳，天黑后，总要对着悬在古旧墙壁上的太太遗像，弹一首曲子给她听。夏婕离开新疆前，王曾把他的新作交托给她，请她设法在海外出版。

我十分感动于这个悲凉的故事，回到台北，立刻讲给三毛听，还没讲完，她就哭红了两眼，她说："这个老人太凄凉太可爱了，我要写信安慰他，我恨不得立刻飞到新疆去看望他。"三毛给王洛宾写信，真的去新疆和王洛宾会面，始作俑者是夏婕，传叙者是我，做了傻瓜的却是三毛。

三毛新疆之行与王洛宾相会，事后看来已成为一桩悬案，因为她在新疆的一段时间，与她在台北的家人失去联络，她的家人曾为此着急，以致惊动台湾《民生报》发了她与家人失联的消息，等到三毛到四川后才与家人联络上，就此报纸仅发表了她旅途劳顿，已向家人报平安的简讯。

可是，三毛回香港后，把夏婕大骂一顿，还给司马中原挂了电话，说她对王印象并不好。三毛的一名读者七等生说自己与三毛经常通信，其中一封信写道，阿平被一个老头儿关起来，还不给她饭吃，不给她水喝。我想一代歌王当然不会不堪至此，事实应该是：一九九〇年四月十六日，三毛随台湾一个旅行团到敦煌、吐鲁番旅游，之后又到达乌鲁木齐，本来她要返回台湾了，这中间恰有两天停留，她就按夏婕提供的地址，直接找到了王洛宾的家。多情善感的三毛满怀希望地去看一位传说中的超脱歌王，没想到他竟然是一个热衷名声的俗人，还把她拉进去受尽媒体聒噪的折磨，前后反差太大，所以三毛很失望。

三毛直闯王洛宾的家，王一点准备都没有，既然来了也就热情接待，三毛与王洛宾一起谈历史、民歌、生活、创作，作家往往会透过生活的表面，透析人们心灵深处的东西，她对王老产生了敬仰之情，曾在给朋友的信中谈到："我称王大师的名字，实在是因为不觉得他比我大多少，年纪只是一种水平（在精神上），水平够了，就当朋友，不论长幼。"可见，起初的交往是愉快的。

第二次乌鲁木齐之行，极度疲惫的三毛将要下飞机，举着碘钨灯的青年人就涌上来，旁边站着西装革履手拿鲜花的王洛宾，三毛被这场面惊呆了，"这是干什么？我抗议!"原来是乌鲁木齐的电视新闻记者正在策划拍一部反映王洛宾音乐生涯的纪实片，事先他们得知三毛要来，就安排了这场"机场迎三毛"的一段戏。

三毛来乌鲁木齐本是求清静休息的，谁曾想，"戏"还没完，又一部反映王洛宾音乐生涯的电视连续剧《西部歌旅》开拍，三毛在编导的要求下，再次被当作演员拍来拍去。又是电视专题片，又是电视连续剧没完没了地折腾，她觉得心灵受到了极大的伤害，而这时的王洛宾在繁忙的拍摄过程中，似乎也没察觉出三毛的烦躁和失望，直到三毛忍无可忍说出那句“我杀了你”，他才若有所悟以至联想过远。

此时，三毛已收拾行装，离开了新疆。

一九九〇年三毛返回台北，于十二月十一日给王洛宾写了一封信，宣布她订婚的消息，这是三毛给王洛宾写的最后一封信。王洛宾收到此信后，有些伤感之情，同时也为三毛的订婚专门发了信表示最诚挚的祝福。

没过多久，三毛在台北自缢身亡，一九九一年一月五日凌晨，王洛宾从收音机里听到了这个消息，简直不敢相信。“三毛真的走了，这么突然……”

夜晚，他望着墙上三毛遗像，心潮涌动，坐到钢琴前，琴键按响了，老人伤感地唱出一曲《等待——寄给死者的歌》：

你曾在橄榄树下等待再等待，
我却在遥远的地方徘徊再徘徊。
人生本来是一场迷藏的梦，
请莫对我责怪。
为把遗憾赎回来，
我也去等待。
每当月圆时，
对着那橄榄树独自膜拜，
你永远不再来，
我永远在等待、在等待，
等待，等待，等待，
越等待我心中越爱。

这是一代歌王的爱情，一个人的爱情。

也许因为这曲《等待》里有橄榄树这个词，所以很多人误以为《橄榄树》是为王洛宾创作，其实《橄榄树》这首歌创作于加纳利岛时，三毛和王洛宾还没认识呢。曾有不少媒体宣传得沸沸扬扬，什么“王洛宾与三毛的黄昏恋”啊，什么“三毛因失恋而自杀”啊，等等。

三毛死后，有些媒体再次胡编花边新闻借以炒作。王洛宾的小儿子王海成写“三毛赴疆采访真相”以澄清此事，他说，“其实只是三毛对王老的正常采访，对瓜果之乡新疆的采访而已。先父生前就曾经委托记者左增杰、作家李桦二君就那些无聊的报道予以批驳和更正，二君曾多次在《新疆日报》《青年晚报》《新疆经济报》上发表《王洛宾与三毛只有父女情，何谈黄昏恋》《王洛宾重申不谈三毛》等对一些瞎编的故事进行了批驳。据李桦说，一九九五年夏天，在北京磁器口宾馆，先父曾将两位要求同他签约拍摄《王洛宾与三毛》的影片制片人从客房中‘请’了出去。可见先父对那些歪曲事实的人所表示的深恶痛绝。”

司马中原说：三毛写信常用“亲爱的”、“最爱的”字眼，更把“爱死了”当成挂在嘴边的口语，王洛宾显然是会错意表错情了，把她的博爱当成爱情，试想一个早想和荷西在另一个世界会合的人，会在死前“求嫁”吗？他还讲了自己去上海发生的一件小事，“前年十月，我到过上海附近的风景区周庄，坐过‘三毛茶馆’，茶馆门口竟然放置着一帧王的放大相片，我太太气得发昏，就一五一十的数说茶馆老板一顿，当时就把那帧照片拿掉，后来也没再挂上了。”

我想，这就是文化差异造成的误会，三毛本无意，却触动了70多岁老人的心，她还说，“我当心地去关爱他人，这使情感不流于泛滥。”结果还是泛滥了。

tout terriblement

Guillaume Apollinaire

人生如寄过敦煌

三毛到内地来，是她流浪的一部分，去西部更是为了去敦煌，而贾王之门是顺便路过。

三毛生前曾说过，死后她希望一半葬在台北，一半就留到浙江乡下的油菜田边，但当她到过了西北，主意改变，希望能葬在敦煌前的鸣沙山上。

山中或圆日腾空，或弦月高悬，再加上莫高窟辉煌的艺术奇葩，三毛决定让自己的一半永远安住在这里，与佛相伴。

三毛与佛有缘，在她的文章里，佛语俯拾皆是，“刻意去找的东西，往往是找不到的。天下万物的来和去，都有他的时间。”“我们空空地来，空空地去，尘世间所拥有的一切，都不过转眼成空。”“我心中有一个不变的信仰，它是什么，我也不很清楚，但我不会放弃这在冥冥之中引导我的力量，直到有一天我离开尘世，回返永恒的地方。”

对少数人来说，佛是一种哲境，对多数人来说，佛是一种安慰。佛于三毛，既是哲境也是安慰，她的身上就有佛性，淡然、宽容、慈悲、豁达，与大自然相接相合，她内心渴望得到佛教的救赎，然而却又因自身的“我执”“情执”在红尘中沉沦已久。

当年，三毛到敦煌，她希望能在莫高窟的一个洞穴里，一个人静静地待上一个小时，旅伴伟文（在莫高窟从事研究工作）帮助她实现了这个愿望。

她独自进入洞穴后，看着菩萨，刹那间跌入“禅”的境界里——

“我打开了手电棒，昏黄的光圈下，出现了环绕七佛的飞天、舞乐、天龙八部、携带眷属。我看到了画中灯火辉煌、歌舞蹁跹、繁华升平、管弦丝竹、宝池荡漾——

“壁画开始流转起来、视线里出现了另一组好比幻灯片打在墙上的交叠面面——一个穿着绿色学生制服的女孩正坐在床沿自杀，她左腕和睡袍上的鲜血叠到壁画上的人身上去——那个少女一直长大一直长大并没有死。她的一生电影一般在墙上流过，紧紧交缠在画中那个繁花似锦的世界中，最后它们流到我身上来，满布了我白色的外套。

“我吓得熄了光。

“‘我没有玻。’我对自己说，‘心理学的书上讲过：人，碰到极大冲击的时候，很自然地会把自己的一生，从头算起——在这世界上，当我面对这巨大而神秘——属于我的生命的密码时，这种强烈反映是自然的。

“我匍匐在弥勒菩萨巨大的塑像前，对菩萨说：‘敦煌百姓在古老的传说和信仰里，认为，只有住在率天宫里的你——下生人间，天下才能太平。是不是？‘我仰望菩萨的面容，用不着手电筒了，菩萨脸上大放光明灿烂、眼神无比慈爱，我感应到菩萨将左手移到我的头上来轻轻抚过。

“菩萨微笑，问：‘你哭什么？’

“我说：‘苦海无边。’

“菩萨又说：‘你悟了吗？’

“我不能回答，一时间热泪狂流出来。

“我在弥勒菩萨的脚上哀哀痛哭不肯起身。

“又听见说：‘不肯走，就来吧。’

“我说：‘好。’

“这时候，心里的尘埃被冲洗得干干净净，我跪在光光亮亮的洞里，再没有了激动的情绪。多久的时间过去了，我不知道。

“‘请菩萨安排，感动研究所，让我留下来做一个扫洞子的人。’我说。

“菩萨叹了口气：‘不在这里。你去人群里再过过、不要拒绝他们。放心放心，再有你回来的时候。’我又趺坐了一会儿。

“菩萨说：‘来了就好。现在去吧。’……”

三毛的这篇《敦煌记》不知是她的幻觉还是真正有过神人相交，毕竟，迷信是科学的开端，在我们没有勘破玄机时，不能武断地否认神秘力量的存在，在这个茫茫宇宙里，总有一些神奇的事件是科技所不能解释的，总有一些隐匿的空间是科学的力量还未到达的。

当伟文看见从洞里走出来的三毛时，发现她的眼神清澈无比，空灵幽远；她的神情也是不悲不喜，非常恬静。那一刻，他觉得她似已不在人间，虽然她就在他身边，一起走下山的，他却觉得她恍如隔世般的缥缈，虽近却远，茫茫然地不真实起来。

三毛，她是否已在菩萨面前勘破红尘，觉得人生皆虚妄，是该归去的时候了？……伟文想着，他感觉到了她的心境澄明似已得道般，“诸行无常，诸法无我，一切皆苦，涅槃寂静。”虚豁淡泊，这是寂静的最高境界。与天地为友，与万物归于大同，此时的三毛是物我两忘，荣辱不争了。

两人慢慢走着，登上了一个山坡，鸣沙山确实别有洞天，非似在人间，三毛矗立，放眼望去，飞云漫卷，戈壁大沙漠亦如瀚海，在她眼前汹涌铺排，仿佛苏东坡独立赤壁：滚滚长江东逝水……亦如日子，逝者如斯——

三毛转过身来对站在自己侧身后的伟文说："要是有那么一天，我活着不能回来，灰也是要回来的。伟文，记住了，这也是我埋骨的地方。"

第六章

自杀是真诚的选择

SALOME
Francis Picabia

生还是死成问题

三毛不是第一次自杀。刚刚要结婚的德国男友死在她的怀里，或许是承受不了这样的打击——刚刚找到真爱，却在转瞬之间天人永隔——三毛吞下了过量的安眠药自杀。被抢救过来的三毛没有丝毫停留，再一次背起了行囊。

而这次，荷西的死——有人问，为什么当时没有自杀？其实在服丧期间，三毛有极强烈的自杀欲望，后来经过好友琼瑶七个小时的苦苦相劝，直到三毛答应：绝不自杀。琼瑶才放心离开。

当时的三毛沉迷于通灵术，通过各种方法想要跟荷西见面，比如碟仙、笔仙，一直玩到游地府，观落阴。几近疯狂。

陆达成回忆说："三毛丈夫过世从西班牙回来之后，与父母住在南京东路的家中。当时她心情依旧很难过，穿着黑色的衣服……那天晚上，在一名作家家里，有四个人坐在那儿玩碟仙。四个人用手指着碟子，请碟仙降临。平时碟仙一请就来，但当时却一直请不来。请了十五分钟之后，我想是不是因为我神父在，所以影响了亡者的自由；于是我心里祈祷通灵能够成功。不久后，真的就动了。"

三毛虽然是个基督教徒，但她流浪过许多国家，言行举止已是彻头彻尾的国际波西米亚人，她在沙漠亲眼见过飞碟，还曾遭沙哈拉威人的巫术而中邪，她住在拉芭玛岛期间给父母写信道：

“飞碟”常常来这个岛，也常常去撒哈拉沙漠，报上说的那一次是发生不久，常常来，而且剪报上那次出现后，连附近的羊都死了，骆驼、马都死了，用刀劈开来看如何死的，发觉血都没有了，被吸去，这是千真万确的事情。

对于神秘的力量，三毛一向是敬畏且接受的，吉普赛人的头脑加上她在沙漠中的那些特殊经历，以及她对丈夫的思念有增无减，难免神神叨叨起来，她甚至声称，她可以和荷西的灵魂沟通。

三毛对通灵术的乐趣，从儿时便已产生：

一九五五年，还在读初二的三毛，因为受到数学老师的羞辱和体罚，一度休学在家。这段时间的三毛有严重的自闭倾向，并且一度认为自己能够通灵，还预言说自己将来要嫁给一个西班牙人。

另一个没有即时自杀的原因就是她还顾及到父母的感情：

有一阵在深夜里与父母谈话，我突然说：“如果选择了自己结束生命的这条路，你们也要想得明白，因为在我，那将是一个更幸福的归宿。”

母亲听了这话，眼泪迸了出来，她不敢说一句刺激三毛的话，只是一遍又一遍喃喃地说：

“你再试试，再试试活下去，不是不给你选择，可是请求你再试一次。”

父亲便不同了，他坐在黯淡的灯光下，语气几乎已经失去了控制，他说：“你讲这样无情的话，便是叫爸爸生活在地狱里，因为你今天既然已经说了出来，使我，这个做父亲的人，日日要活在恐惧里，不晓得那一天，我会突然失去我的女儿。如果你敢做出这样毁灭自己的生命的事情，那么你便是我的仇人，我不但今生要与你为仇，我世世代代都要与你为仇，因为是——你，杀死了我最最心爱的女儿——”

三毛的泪水瀑布也似的流了出来，毕竟，先走的是比较幸福的，留下来的，也并不是强者，可是，在这彻心的苦，切肤的疼痛里，我仍是要说——“为了爱的缘故，这永别的苦杯，还是让我来喝下吧！”我愿意在父亲、母亲、丈夫的生命圆环里做最后离世的一个。

她说：“虽然我的翅膀断了，我的羽毛脱了，我已没有另一半可以比翼，可是那颗碎成片片的心，仍是父母的珍宝，再痛，再伤，只要他们不肯死去，我便也不再有放弃他们的念头。”

自那以后，三毛逐渐重回书案写作。一九八一年，三毛将怀念荷西的散文结集出版，即《梦里花落知多少》和《背影》，风格哀而不伤。此后，三毛开始在台湾做环岛讲演。白天，演讲台上的三毛兴奋得近乎歇斯底里，但是每当夜晚来临，她又开始独自品尝失去荷西的锥心之痛。我们都能看得出来，三毛的作品只有一段时间是泼辣快乐的，就是与荷西一道生活的那些年月之前太做作忧伤，之后又有一种看破的木然。《撒哈拉的故事》《哭泣的骆驼》是最成功的作品，此时的三毛是积极乐观的，即便是面对大风沙的侵袭。自荷西死后，三毛的文章一下“灰暗”起来，尤其是在后期，她的文章仿佛有一股死亡气息弥漫开来。

杜甫说文章憎命达，其实对一个平凡的小女子来说，爱情就是她的灵性，心失去了依托，灵感也就枯竭了，三毛失去了那棵可以依靠的“橄榄树”，“她从一个洒脱的流浪者变成了一个哀伤过客。”千山暮雪，这过客又只影向谁去?

三毛也曾说过：“越是痛苦的生活体会更深，不应该拒绝痛苦。”所以，有无数读者给三毛写信说——“三毛，你是一个如此乐观的人，我真不知道你怎么能这样凡事都愉快。”

三毛想了想，说，“我不是一个乐观的人。”

乐观与悲观，都流于不切实际。一件明明没有希望的事情，如果乐观的地处理，在我，就是失之于天真，这跟悲观是一样的不正确，甚而更坏。我，只是一个实际的人，我要得着的东西，说起来十分普通，我希望生儿育女做一个百分之百的女人。一切不着边际的想法，如果我守着自己淡泊宁静的生活原则，我根本不会刻意去追求它。对于生活的环境，我也抱着一样的态度。我唯一锲而不舍，愿意以自己的生命去努力的，只不过是保守我个人的心怀意念，在我有生之日，做一个真诚的人，不放弃对生活的热爱和执着，在有限的时空里，过无限广大的日子。如果将我这种做法肯定是“乐观”，那么也是可以被我接受和首肯的。

再读《雨季不再来》的旧稿，三毛心中仍有一份怅然。她想过去的自己，沉迷也好颓废也好，始终真诚，不会陷于玩世不恭，仍旧用一颗积极明朗的心去追求春之鲜绿。当经历了生与死与磨难，三毛微笑着，轻描淡写地说：“需要最少的人，可能便是最富的人，我过得相当的好。”

如此看来，虽然死亡气息弥漫，但三毛是不准备自杀的。

关于自杀的猜测

然而——

一九九一年一月四日，一条新闻震惊了海内外的华人世界：作家三毛自杀身亡。这一年，三毛四十八岁。

在中国台北的病房里，已是凌晨时分。三毛慢慢地从床上坐起，又是一个失眠的夜晚。淡淡的月光下，她望着那永远也滴不完的点滴，想：时光要是能想停止就停止该多好。她打开灯，看见桌上的老照片里荷西笑得那么纯真——

往事已成空，还如一梦中。回顾这些年，三毛思索了良久。她想给几个朋友打个电话，都没有人接，只好简单地留了言。她静静地坐在窗边，想起与荷西相伴的日子：还记得那次约稿，如果有三个月的生命，你要做什么？她的回答是“我要守住我的家，护住我丈夫，一个有责任的人，是没有死亡的权利的”，可是现在，三毛没有丈夫，没有家了，这生命还留来有什么用？而荷西还在等……

为何共生却不能同死？

荷西在婚后的第六年离开了这个世界，走得突然，他们都来不及告别。三毛在荷西的墓前说：“这样也好，因为我们永远不告别，埋下去的，是你，也是我。走了的，是我们。”她的心早就随荷西一起死去了。

经医院方面报警，警察分局人员立即到场搜证，并将三毛遗体抬到房间，报请检查官相验，十时十分，检察官罗荣干与法医刘象缙到场相验时，三毛身上穿的病患服血液已沉于四肢，呈灰黑色，颈部勒痕相当深，显然于医护人员发现以前，已死亡多时，法医推断三毛吊颈时间是凌晨二时。

警方与法医的鉴定结果相同：陈平“自缢”而死。警方、法医与院方都没有进一步追查“自缢”的前因后果，他们一致认定没有他杀嫌疑，简单地以“久病厌世自杀”结案，但三毛真的是久病厌世自杀吗？

所谓因病厌世，她的病并不是绝症。一九九〇年十二月四日，医院发现三毛子宫内膜肥厚，母亲担心可能是癌症现象，安排三毛到“荣民”总医院住院检查。一九九一年一月二日，三毛住进“荣总”，由妇科医师为她检查治疗并手术，术后没有发现癌症现象，已经做出安排她在一月五日出院的决定。

按照三毛的母亲缪进兰女士的回忆，三毛的死应该是一场意外。由于三毛有严重失眠症，前一日，她向护士取到一颗安眠药，吃了安眠药之后，时睡时醒——所以她是在无意识的失去自主能力情况下，被动地勒死了自己。也就是说，三毛不是自愿结束自己生命的。母亲还说，“三毛端坐在盖着的马桶上，双手合抱成祈祷状，头微垂而面容安详。吊颈的长丝袜如同项链般松松地挂在脖子上，颈上既无勒痕，也没有气绝时的挣扎痕迹。”

三毛生前的朋友林先生夫妇说：三毛出事前两天，林太太还在台北侨大家具行遇到了三毛，聊天中三毛说她已经安排好新一年的工作，还有几个重要行程的计划：在香港约好夏婕去逛摩罗街，在上海看望干妈冯雏音，前往马德里重新申请已经过期的西班牙护照，以及前往西安与贾平凹会面。

没有留下遗书。三毛对人一向热情友善，读者、好友来信必复。写信是她作品文集的内容之一，平常除了写书，三毛与人的书信往来极为频繁。因此，如果三毛想要自杀，必然会留下文字，但三毛却没在“自杀”前留下一个字给父母等家人，也没有留几句话给干妈、好友和喜爱她的读者，这显然不是三毛的风格。

传言《滚滚红尘》颁奖没有得奖也是三毛自杀的原因。一九九〇年十二月，三毛编剧的电影《滚滚红尘》参加台湾金马奖角逐，夺取八项大奖，却没有三毛的最佳原著编剧奖。《滚滚红尘》引起台湾某些当权者的愤怒。有人认为，三毛有可能因此成为政治牺牲品；有人说，那天晚上她喝醉了，全身很痛，或许是内心的痛。然而在金马奖颁奖前近一个月，三毛在给上海张乐平夫妇的信中写道：“我所辛苦编剧的电影爆发大消息，我们参展台湾、香港最大电影展金马奖十二项入围，我被提名为最佳原著剧本奖，但不相信会得奖，这事我看得很淡。”尽管落了选，但三毛却并没有把“最佳原著剧本”奖落选的事放在心上。一个在很多国家“流浪”了几十年的三毛，不会这么小心眼，名利于她，从一开始就是身外之物。说三毛死于《滚滚红尘》的压力，实在是无稽之谈。

三毛自杀的种种理由都被否定，但是从另一方面来看，仿佛又是自

杀前的准备：三毛最后两个通话，给潞平的信，都透露出她的孤独和绝望，她的归心。

小熊：

我走了，这一回是真的。

在敦煌飞天的时候，潞平，我要想你。

如果不是自制心太强，小熊，你也知道，

我那批三百七十五把钥匙会有起码一百把交给谁。

这次我带了白色的那只小熊去，

三毛的快乐与致命伤

为了亲它，我已经许久不肯擦上一点点口红，

可是它还是被我亲得有点灰扑扑的。

此刻的你，在火车上还是汽车里呢？

如果我不回来了，要记住，小熊，我曾经巴不得，巴不得，

你，不要松掉我的衣袖，在一个夜雨敲窗的晚上。

好，同志，我要走了。

欢迎你回台湾来。

爱人三毛

那夜入睡之前，她还特意嘱咐护士，自己半夜不易入睡，不让护士打扰；她本可以求救，却没有（检警双方勘验发现：三毛是以一条肉色的丝袜，绑挂在浴厕马桶上方，一个医院专门让病患挂点滴注射液的铁钩上，再将丝袜套在颈部。三毛自尽的浴厕内，医院设有马桶护手，三毛只要有一点点的求生意念，就可立即扶住护手，保住性命）；她选择

了全家都出外旅行的时候，这是不是也是刻意?

近时寄出两封信。

其中一封是给倪叔叔。（三岁随父母搬到南京，曾与倪叔叔家人同吃同住快三年。一次回浙江，三毛一下车便问倪叔叔来了没，见到后一下子扑到倪叔叔怀里，说：“我小时你抱过我，我现在也抱抱你。”）信里说：“我生什么病，父母不知，不要跟他们提。”在撒哈拉，健康的三毛生起病来，是妇科病，她曾回台湾治疗，但是那一次落下病根导致无法怀孕，而她的母亲患有子宫癌，一直需要钱治疗，连家里房子也卖了，她怕经济上负担不起，所以不想让父母知道她的病。

另一封给贾平凹的信写道，她想到西安玩，让他给找辆自行车，两人到乡下跑跑。

是思绪混乱，还是故意以假乱真?

三毛自己对记者也说：“三毛是三毛，我是我。你们都被骗了。”三毛生活在自己的心灵境界中，她的故事随她自己编排，是她的作品把现实中的人（三毛）给杀了，这也是一种绝望。“戏，这么演，叫戏，那么演，也叫戏，这一场下了，那一场上来，看戏的，是自己，上台的，也是自己。 你是自由的，你有权利以自己的方式表达自己的路。他人喜不喜欢你走出来的路，不是你的事情，因为，毕竟，你没有强迫任何人。”她一直是戏中人，把人生之路当成表演之舞台。

三毛在《让痛苦往事随风飘》中写道：人，在看不见前面的希望和光明时，往往控制不住地跌进回忆里不能自拔。回忆并不伤人，但如果回想得太多而钻起牛角尖来，那就很苦了，因为我们不能改变已经发生了的事情。

我想，她是一时钻起牛角尖来了，前尘往事袭上心头，再次感到人生如梦，不值得活下去，忽然做出的决定。

这次自杀并非有预谋，但她的死亡意识一直环绕，随时随地，最了解她的也许是父亲，“‘好了’，‘好’就是‘了’。”

父亲给三毛的一封信中写道：

……

不过七八天前吧，你给我看《皇冠》杂志，上面有一些你的照片，你指着最后一幅图片说：“爸，看我在内地写的毛笔字——有此为证。”

却忘了，那时的你，并不直爽，你三度给我暗示，指着那张照片讲东讲西，字里两个斗大的“好了”已然破空而出。这两个字是你一生的追求，却没有时空给你胆子写出来，不然不会这么下笔，而我和你母亲尚在不知不觉之中。

三天之后的你，留下一封信离开了父母，你什么都没有拿走，包括给你走路用的平底鞋。我看完了你的信，伸头看看那人去楼空的房间，里面堆满了你心爱的东西，你一样都没有动，包括你放在床头的那张丈夫的放大照片。

我知道，你这一次的境界是没有回头路可言了。也许，你母亲以为你的出走是又一次演习，过数日后你会再回家来，可我推测你已尝到了当神仙的凄凉滋味。或者说，你已一步一步走上这条无情之路，而我们却没能与你同步。你人未老，却比我们在境界上快跑了一步。山到绝顶雪成峰，平儿，平儿，你何苦要那白茫茫大地真干净？

在你与我们同住三年之后，突然而去，这中间其实没有矛盾，有的只是你的渐悟和悟道之后行为的实践。

你本身是念哲学的，却又掺杂了对文学的痴迷，这两者之间的情怀往往不同，但你又看了一生的《红楼梦》。《红楼梦》之讨你喜欢，当是一种中国人生哲学与文学的混合体。平儿， 我看你目前是情虽破但尚未“了”，还记得你对我说过的话吧？你说:“好就是了，了就是好，若不了便不好，要她必须了。”你答应过你母亲不伤害生命——肉体不了，精神不可单独了断。

缅怀唯一的三毛

与陈父的看开和理解相比，陈太太情绪显得相当不稳定，受访时一直躺在床上悲泣。她用手帕拭去泪水，拿出三毛进医院前送给她的一张生日卡，说道：“她是不重形式的人，一辈子也没送过我卡片或礼物，这是唯一的一张。”睹物思人，三毛送母亲卡片时距母亲生日还有一个月呢，如今咀嚼她那句“再晚就来不及了”也颇有感慨。

父亲在答记者问时说：“她大概一直感到很寂寞吧！我一直觉得，虽然三毛和川端康成、三岛由纪夫、海明威等世界级的作家有一大段距离，但我隐约预感，三毛也会走像他们一样的路，我嘴里虽未说出，但心中阴影一直存在。”

回到台湾的三毛已经是一个文化明星，一九八五年《倾城》出版，风格已与从前在撒哈拉沙漠里时不同，一反明媚而变得平实自然，还隐隐透露着一种浮生若梦的情绪。她已从对外界的书写转向内心的想象，她是一个“我执”很深的人，无我则不能写，所以人们谈论她的作品也就是在谈论她的故事，她的人，她已经变成公众话题。各方邀约不断，她的演讲也确实是魅力四射，广播节目甚至会全程播出她的讲演内容。

三毛因工作劳累曾精神恍惚，甚至产生幻听幻觉的情况，身体也越来越脆弱。她成了普通人的传奇，她的生活不再是她自己的，而变成公众的，公众喜欢通过阅读她的作品窥探她的人生，却不管她是否乐意。一旦他们发现生活中的三毛和她作品中所写的三毛有差距时，他们就会指责她欺骗了他们。她好累，为了创造一个完美的女人。成了名人之后的三毛必须更多暴露自己的隐私，把自己置于公众的视野中，而公众并不宽容她的瑕疵。好友眭澔平说，“一个从小被迫不能上学的女人，长大后自己选择不去上班，三毛只是‘不小心’被冠上了‘作家’的头衔。她，还是像个赤子顽童般的把玩着自己既坎坷也丰富的生命。她，原本就不该被这么多世俗的系绊所规范，或许，人，原本也实在不必过得那么辛苦。此时此刻，她正回到母亲大地的怀抱，为自己圈挂上生命的句点。当我们不再拿完美的典范去要求或神化任何一个人的时候，或许才是我们真正欣赏人性的开始。”

但是世人却喜欢幻化和美化他们的偶像，然后苛刻地要求偶像符合他们的想象，一旦偏差，便有不满，甚至攻击，刨根问底，更有一些好事者唯恐天下不乱似的无中生有，罗织罪名，编派谣言。当时困扰三毛的不只是“大家的三毛”工作劳顿，偶像完美，在台湾，一直有一种奇怪的谣言：“荷西未死，只是三毛与荷西感情不好离婚了。”

三毛过世后，《联合报》记者当天与陈嗣庆的问答访谈里，就问了这则谣言的真相。陈嗣庆正色回答：“这种传言是胡闹！三毛曾经说过，如果有新闻界乱发布这种消息，她一定与对方争到底。三毛有荷西的死亡证明，西班牙政府也曾给过她一些微薄的抚恤金，荷西的葬礼，我和陈妈妈还亲自参加，亲眼看到他大殓、下葬。这种传言简直是胡说！”

文学作品不是写日记，即使写自己的经历也不可能完全跟现实生活吻合，文学本身就是一种再创造，只要把真实思想，真实情感写出来就够了，考证本身不过是对文学的画蛇添足，而时下对作家本人的考证更多是出于功利目的，哗众取宠的。

且又不乏其人：

一九八八年，美籍华人马中欣推出了《三毛真相》一书，引起很大反响，在他的笔下，三毛被描写成一个怪僻、自恋、神经质、白日做梦的女人，死缠滥打地追着荷西，婚姻生活亦不幸福，三毛的坏脾气一有不顺就骂荷西闷葫芦，他有屈则逃，无法沟通。另外，书中还指出了三毛文中一些不真实的风土人情，如《沙漠观浴记》中所说的沙哈拉威女人洗澡用石头刮污垢，用皮管通到身体里用海水灌肠等，都是编造的。

次年，一本针锋相对的《诡话——破析马中欣与三毛真相》出版，为三毛真相的纷争骤添了几分火药味。香港出版人张景然在其编著的《诡话》一书中，直言不讳地称马中欣的动机是借攻击三毛以“名利双收”。他将《三毛真相》与《马家军调查》相提并论，认为两本书都是倾向性太明显，否定性、攻击性语言太多。有趣的是，张景然本人在书中也用上了“否定性、攻击性语言”。

国内一位非常著名的当代文学评论家对双方争论表示了不感冒和“一定程度的反感”。他说他本人也怀疑过三毛的真实世界和艺术世界之间的距离，认为一个自我封闭、有自恋倾向、过于理想化的女性作家面对冷冰冰、硬邦邦的现实时，很可能“向内转”，退回到内心，编造神话，并有意无意地以神话代替“惨淡的人生”，以自欺的方式自娱和自我满足。

王丽琼说，“三毛是一个拥抱梦想的人，她有梦，她追逐梦，她写梦；喜欢三毛的人都不会在意是真是假，他们爱的就是书中的那个世界。”可见，比较理智的读者是不会考证作品背后的东西的，像有人问韩寒，你的粉丝会不会爱上你而自杀，韩寒说，我的读者都是很理智的一群，言外之意是，他和郭敬明不是同类，他的读者是爱他的作品，而郭的作者是盲目地爱上其人了。

爱上其人并没有错，错的是本末倒置。苏轼带一高帽出行，第二天高帽便盛行于京城，原因：有学问的人戴高帽，戴高帽的人就成了有学问的人了。

一直出版三毛的书的皇冠编辑平鑫涛在“三毛纪念展”的纸板橄榄树旁，谈及老朋友，眼里闪着泪光，他说：“(三毛的走)总觉得会是一个意外吧。”

展览中有数份三毛的手稿，包括她最后创作的剧本《滚滚红尘》。在印着“三毛”水印的方格竖行稿纸上，有一篇名为《爱情》的文章，其中一段写道：“真正的爱情绝对是天使的化身。一段孽缘，不过是魔鬼的玩笑。”相信爱情的三毛，从撒哈拉沙漠带回来的最珍贵的纪念品，是荷西送给她的结婚礼物——是一副风干的、完整的骆驼头骨。这个结婚礼物在当天的展览中特别显眼；其他还有三套标准的三毛服装，牛仔、长裙、围巾、帽子；除了“毕业证”以外的各类证件，还有三毛亲手粘贴的相册，各种大漠风情的银饰、皮包，甚至还有一只手工打制的铜壶。

三毛的弟弟说：三毛极有语言天赋，一九六七年到西班牙留学，她的西班牙文比西班牙人还要好。之后她到德国留学，学会了德文。三毛住在台湾的时候，有很多美国的朋友，所以她的英文也相当好。讲到方言，三毛会讲四川话；会讲南京话；还有我们故乡的宁波话，以及上海话。当我们到了台湾，家里帮忙的人又教她讲台湾话，她非常有语言的天分。

司马中原评价三毛说："如果人生像一幅画，三毛应该是意境高远，笔致空灵的水墨画了。她不囿于既定的格局，以她的直率信笔挥洒，在人生的斑驳中显呈了她的生命，无论是喜悦或是悲沉，对于她都有一种浸润。真纯的爱像是她创作的基本动力。她的性格，温柔而流变，有时动如风，有时静如潭，有时升如飘忽的流云，有时柔如一弯曲曲的溪水，不变的是她的真，她的爱。她的作品就这样展现了她的自我，成为浑然一体的，活生生的创造。"

胡茵梦眼里的三毛是这样的，"很多人批评三毛，认为她只是在自己的小天地做梦，我不以为然。基本上，文学创作是一个人性灵升华的最高表现，她既能升华出这样的情感，就表示她有这样的层次，这比起很多作家，我觉得她在灵性上要高出很多。"

倪匡对三毛的理解如此说："三毛对生命的看法与常人不同，她相信生命有肉体和死后有灵魂两种形式。她自己理智地选择追求第二阶段的生命形式，我们应尊重她的选择，不用太悲哀。三毛选择自杀，一定有她的道理。"

作家刘兰芳说："三毛的生命是自由意志的一种极端，是对必然性的谢绝。好像《生命中不能承受之轻》里的托马斯，非如此不可吗？生的自由归根到底是死的自由，三毛和托马斯的梦想是自己找到那一柄钥匙，自己开门，自己进去。"

自杀完全是个人选择，真诚且无可非议，它是应该被尊重的。

第七章

三毛的内向世界

Francis Picabia

三毛与写作

如果以三毛为坐标，琼瑶位于30度的位置，她陷于自己狭小的思想世界，一次又一次复制同一个梦，同一段感情——博尔赫斯和王家卫也在写同一个梦，但是他们的梦更深远——而琼瑶停留在浮泛的表面，像姜文评价冯小刚，给读者端上的不是葡萄酒而是一筐葡萄。琼瑶跟三毛不一样的地方，是她创造了一个虚幻浪漫的爱情表达方式，但她的作品跟她本人没有关系。当年迷恋琼瑶的读者迅速成长，长大之后发现她笔下的爱情方式只是一味幻美，镜花水月，不可效仿，更不存在，她的影响力就难以为继。李敖说：琼瑶是鸵鸟式逃避现实的伪善，她的主题是月亮花草加淡淡的哀愁，三毛则是琼瑶的一个变种，在月亮花草淡淡的哀愁之外又加上一把黄沙。

金庸位于90度的位置，他的故事引人入胜，让人欲罢不能，古典文化功底更是让人首肯心折，但根深蒂固的儒家思想也成了他的束缚，所谓侠之大者，为国为民，他所在乎的是声名、声望（不然也不会在年逾古稀之时还要进入作协），与三毛相比，三毛更率真，无约束。但是以尖刻著称的李敖指出两人的共同点：伪善。金庸和三毛都是讲求善的，李敖说金庸，真正的善是散尽家财，他却是家财万贯；李敖说三毛，善行在你自己的身边你自己的国土上就可以施行，没必要跑去非洲那么远，你去那里不过是觉得那里好玩罢了，却以善之名。据说在酒桌前，金庸和三毛听了这句话都低头无语。

亦舒位于120度之处，与三毛的爱相反，她的笔下全是恨，和敌对。她所有的机心和冷漠全是用来让世人认识这个世界，对付这个世界的，什么都不要相信，你只要相信你自己，没有爱你就拼命地捞取钱财，至少经济独立的女人还能活得舒服自在、光鲜可人。亦舒是张爱玲的超级粉丝，但她的精明与冷漠绝不同于张爱玲，张是站在高处，俯瞰众生，怀着悲悯之情看透世相，揭示却不参与，而亦舒是参与其中，教导众生如何活，如何自私自利地活，失去本性也在所不惜。她有一个永不相融的假想敌，就是男人和世界。

最后说到张爱玲，她处于180度，与三毛正好是两极。对于生活，三毛是深入者，体验者；张爱玲是旁观者，思考者。

这就回到开始我在序言里提到的电影《第七封印》，约瑟夫一家也是生活的体验者，他们是幸福且快乐的，三毛如是，三毛的自杀决不是厌世，而是因为受挫——因为深入其中，便更容易被其所伤——最爱者伤你最深，她脆弱的心灵经不起一根稻草的摧折，她读过太多的书，看过太多的人，经过太多的事，种种，又怎么能踏雪不留痕，所以，她不能保持原初对于简单的愿望，不能像约瑟夫一家一样拥有最原始最朴素的快乐。三毛曾经说过一句话，我一直不快乐。

关于放弃生命者，尼采说："它不再能够做它最愿意做的事情：超越自己而创造——那是它最想要的，那是它的全部热情——但是现在它做这事已经太晚——于是你们这些身体的蔑视者啊，你们自己要求毁灭。”

这样的人是清醒的，而在这个世界更容易活下去的是麻木的人，他们（麻木的人）的心逐渐产生了钝感或者说开初就是混沌不堪，正如世间莽莽苍生——他们的常态是：他们靠一些生活的本能维持着，没有明确的信念和道德观，也没有对自我反省意识，生活对于他们来说就是满足物质和身体的需要。

三毛既清醒又脆弱，对世间之事，她看透却又无法疏离。

三毛是自卑又骄傲的，所以她受不了一点点冷落，她爱是因为她需要被爱，庄子说：“无私焉，乃私也。”对人无私，其实正是希望获得更多的人对自己的爱，灵魂上的孤独者，她需要众多的朋友，所以她说那时候（刚到西班牙时）我就像花蝴蝶，而张爱玲只要有三两个知己就行了，甚至也可以没有。

她们同是灵魂上的孤独者，张爱玲内心强大，可以自给自足，三毛必须从外界索取，以外界的眼光证明自己的价值（《白手起家》别人夸赞她的房间布置时，她醒悟到这一点）。

张会揣摩老师的心思，门门功课都能考好，她从小就懂得人性，看透人性；三毛却是天真少年，不得老师喜爱，所以受罚，一旦被外界拒绝，她就退回到自己的世界里，把自己关在屋里，上了锁，高兴时开一开，平常就锁着。直到十七岁再走出来，感情上又受到了伤害，这一次再不能关进去，就去了西班牙——离家也是一种逃避。张不需要逃避，她就站在你面前——像胡兰成说的，她往你面前一站，只有你逃避的份。

张是贵族公主，三毛是小家碧玉，她没有那份自信，所以就产生了一般女人常有的虚荣心，她喜欢向读者讲述别人对她的好，别人对她的爱，用以掩饰虚空，用以自我安慰。

三毛常说自己的善，而张爱玲是站在善恶之上的，这一点却像极尼采。爱之于人，也是负累，上帝因爱人类而死去，而无为才会使人各尽其责，回归本性。

关于了悟和洞察，张从小就生成这样子，她的性情几十年没变过，三毛是逐渐成长起来的，荷西的死是分界线。

王国维说，这世间有两种寻求解脱的人，一种是看着别人经历痛苦而悟，一种是亲身经历而悟，前者是高人，世间寥寥，比如惜春，紫鹃；后者是性情中人，比如贾宝玉。三毛也是后者——当她穿着粗布衣一个人在加纳利群岛修屋种菜时，那份镇定和踏实像极了在药王庄培植药草的程灵素——荷西的死才真正让她了悟。人，是可以改变的，只是时间问题。执著不变当然是可贵的，而有时向生活中另找乐趣，也未尝不可，三毛就是不断地融合自己到她所能达到的境界中去。"在十年后，我才慢慢减淡了对英雄的崇拜。我看一沙，我看一花，我看每一个平凡的小市民，在这些事情事物的深处，才明白悟出了真正的伟大和永恒是在那里，我多么喜欢这样的改变啊？"

张爱玲却可以称为王国维所说的高人，她从小在家里看多了那个大家庭的是是非非就已经了悟，而三毛是在生活里慢慢体悟的，虽然她也从小读《红楼梦》，那时候对于"好了，好了"只是念叨着玩罢了，她更像贾宝玉，也是性情中人，需要用自己的一生去明了解脱之理。

所以，三毛仍在世俗中；所以，她不说自己是作家，她只是人。尼采说，一个真正的人，一个敏锐的人，她需要的更多。三毛喜欢热闹，去人群中索取，然而人群中她得不到她想要的，所以就造成了狂欢中的孤独。一时的欢乐并不能排除她本质的孤独。

最后走上自杀之路。

原本，三毛只想做一个平凡的人，她自己取名“三毛”就是因为这是最简单、通俗的名字，也连带表明她的口袋只有三毛钱。三毛渴望简单，追求简单，最终却不那么简单了。当时荷西死，她不想回台，就是因为怕台湾那么多人又要把她当成“三毛”来看了，“三毛”可是一个作家呢（三毛这个称呼对她沉重，她回到家里后，家人绝对不会称她三毛，仍旧称她为妹妹小姐姐小姑。蜕掉外在的光环，回归自己，三毛在我们家不存在）！

从青少年时代出版的第一本书《雨季不再来》（三毛自己评价为“文字非常生涩，感情非常空灵”）到《撒哈拉的故事》《哭泣的骆驼》《万水千山走遍》，是一个从天真敏感到成熟烂漫再到淡定了悟的过程。

二十世纪七十年代三毛开始走入两岸读者的视线，其人和其作品成了几代人有关青春记忆的重要组成部分。她笔下色彩缤纷的异国情调，字里行间的爱心，以及文中时刻迸发出的诙谐、机智，无一不在二十世纪六七十年代人心中留下深刻的印记。三毛经典的流浪形象，以及寻求远方、渴望自由的论调，在内地引发几十年经久不息的热潮。

三毛离开中国台湾到西班牙后，生活以及种种事务缠身，她停笔了。这一停就是十年，直到初定撒哈拉，写了一篇《中国饭店》，以三毛的笔名发表在《联合报》，立时轰动了台湾，但人们并不知道这个情趣盎然的三毛就是十年前忧伤寡言的陈平。从春色恼人眠到剪水做花飞的升腾的欢悦溢满纸上，三毛不再是恹恹于归的露台做梦少女，影子缠着腰。

有人问我：你可知道你在中国台湾是很有名的人吗？我说不知道，因为我一直是在国外。他又问：你在乎名吗？我回答说，好像不痛也不痒，没有感觉。他就又问我：你的书畅销，你幸福吗？我说，我没有幸福也没有不幸福，这些都是不相干的事。又有别人问我：写作在你的生活里是很重要的一部分吗？我说，它是最不重要的一部分。他又问：如果以切蛋糕的比例来看，写作占多少呢？我说，就是蛋糕上面的樱桃嘛！

我的文字很浅，小学四年级的孩子就可以看，一直看到老先生，可是这并不代表文学上的价值，这绝对是两回事。

这些成就都是她生活的附属品，正像她自己所说的，她更喜欢人，所以她在旅程中不是一脸冷漠、茫然的匆匆过客，她看景，更看人，看别人的生活。

有一次，三毛从撒哈拉回来时买的是半价优待的渔民机票，她就和那些羞涩、自卑的渔人交上了朋友。有人却说，你不要跟渔民一起走，他们素质太差，同行是很辛苦的。听了这话三毛就觉得伤感，“在国外，渔人、农民里可以产生诗人、哲学家，而我们的渔人、农民为什么不能产生诗人、哲学家？他们对于自己的本身，有的只是自卑和不满，对他们的孩子，尽可能不要他再下海下田了，这种职业，对他们不是骄傲。”她跟渔人聊天，听他们讲故事，看瑞士空中小姐耐心地拿着咖啡和茶比较，让不懂外语的渔人选择，一个个地帮他们系好安全带。还拿出毯子给这些身上有腥味的渔人盖，她们的笑容是自然的怀有爱心的；

可到了香港机场，完全是另一幅场景：渔人要上洗手间，嫌脏，统统不准进。三毛说："一个渔人对我说：'他不许我大便。'我就说，'你进去，这是公共洗手间，为什么不许？'"渔人去了三次，都被拒绝了，只好坐着等，过了两小时，快哭了，又找三毛诉苦，三毛很愤怒地说："你们有十五个人，可以跟他打呀！"难道这也是中国人的劣根性？别人都可以善待我们的同胞，而我们自己——只觉得悲怆。

三毛说，"我们一直宣扬平等……'谢谢你''再见''你好'，这些都简单，但是你在这个阶层的时候，绝不会嫁一个阶层比你低的人。而真正有智慧的人，一定是仁慈的。他们的教养，出自心底。"

这些亲身感触都成了三毛作品里最美的精魂。她说，"朋友是行星，有时候来，有时候去。还有一种人是流星，擦肩而过的一些可能你今生再也不会碰到的人。"这些渔人就是她的流星，看见的，熄灭了，消失的，记住了。

渐悟的三毛说："真正的快乐，不是狂喜，亦不是苦痛，在我很主观地来说，它是细水长流，碧海无波，在芸芸众生里做一个普通的人，享受生命一刹间的喜悦，那么我们即使不死，也在天堂里了。"

她充沛的生命活力，让她把凄怆多劫的遇合写得生气勃发，洒脱浑厚。正如她自己所说，"有时向生活中另找乐趣，亦是不可缺少的努力和目标"。

虽然写作对三毛来说并不是最重要的事情，但一进入状态，却十分投入，有时写作写到手指都破了，结了痂，再轻轻抠掉。有一次，她盘腿坐在地上写了七天七夜，写完之后倒地，说了一句："送医院。"这些投入了生命的书翻译成了四种语言，三毛不但写散文、小说，她还作词，写剧本，翻译作品，一生创作丰富，是因为她的观照如此辽阔，而豁达的品性也让她看得深远。

直到今天，人们在缅怀三毛的时候还说：如果今天能看到三毛的话，她一定是跨媒体创作者，在她各种体裁的作品中都可以看到她快乐的一面，很多人深受她这种乐观态度的启发，比如《闹学记》《沙漠观浴记》。她的内涵世界丰富到不得了，甚至胜过张爱玲的丰富度。她能把没有感情的，干荒，无聊，神秘的，一个陌生的地方写得这么热情多姿，可见一个人的内在是多么丰富，在那里一定是狂热和孤独交替着。她是一个意志力非常坚强的人，信守承诺的人，她要带给这个世界很多快乐和勇气。

三毛的爱情观

一个朋友说，现在的女孩子都太有个性了，我还是比较喜欢三毛，因为她是个传统女子，记得《荒野之夜》那篇，荷西要带她出去寻宝，天已经黑了，荒山又陌生，她本来不想去的，但荷西要去，她就不坚持自己了。原来，他所谓的传统就是“听话”，夫为妻纲嘛。

其实三毛的“传统”并不是逆来顺受，而是爱，因爱而迁就。

她也是一个懂爱的人。《白手起家》里，两人一起做家具，午饭后荷西睡着了，三毛不忍去叫醒他，轻轻上天台去，将桌子、书架、衣架和厨房小茶几的锯好木块，分类地一堆一堆区别开来。荷西醒来已是黄昏了，他跳起来，发怒地责怪她：“你为什么不推醒我？”她低头不语，“沉默是女人最大的美德。不必分辩他体力不济，要给他休息之类的话，虽然他的脑袋是水泥做的。”在艰苦的荒漠里，三毛变身为最完美的家庭主妇。

上个世纪有三名女子因为才华而被人记住了，她们是张爱玲、萧红和三毛，其中三毛是三人中最适合做妻子的，她聪明却不骄傲，理性却不乏味，温柔却不失主见。她冲破世俗的桎梏，做很多人想做却不敢做的事情。这样的人会感染周围的气氛，使身边人也生活在新鲜自由的空气中。她有才有趣却并不拒绝家庭繁琐，不是一味清高和自我，她的身上没有一点怪僻，可爱又可亲近。

三毛说：“也许我是比较老派的人，我希望结婚时，你戴上他给你的戒指，就是你对他的承诺，如果这一桩婚姻是对的，那么我要做你的好妻子，或是好丈夫。婚后会有多少多少的问题，但戴上戒指，心里已有承诺，今生今世，好也好，坏也好，生也好，死也好，爱就来了，这是一条最方便的路。”

她是一个重承诺的人，就像她自己说的，比较老派，不会学新潮，为爱抛弃一切。“家，对每一个人，都是欢乐的泉源啊！再苦也是温暖的，连奴隶有了家，都不觉得他过分可怜了。”她爱家，顾家。

“假如有一天我们的对象不存在了，也请亲爱的你千万记住，爱还存在。那么我们依然值得高兴，因为生命中最宝贵的东西，依然被我们自己保存着。所以，内心坚守着爱的世间万物的人们，都将会获得幸福和美满的垂青。”这是三毛的爱情观，在荷西离开这个世界之后，三毛说：“今天虽然我的婚姻终止，但是爱情不死。生和死有爱就隔不开，所以我有爱情，有我丈夫的爱情。”

她的爱情不因死别而终止，也曾在《这样的人生》里强调过，将一份爱珍藏起来，再接受另一份爱。

荷西逝世以后，三毛也接触了几位男朋友，但都没有结果。

一位有妇之夫曾向三毛求爱，但三毛很清楚，那人的妻子很爱他，他这是见异思迁。三毛明确拒绝了他，她说：“在我的道德观念里，一个已婚男人即使对我再好，我也绝不会动心。”

在北非的一个岛上，西班牙的一位出色广告师向三毛求婚，三毛对他也颇有好感，但因为广告师的职业使他接触到各种姿态的美丽模特儿，这令三毛非常担忧。她坦诚地告诉他："如果我们结了婚，我是不能忍受生活在时时失去你的恐惧当中的。"对于爱情，三毛是理智而现实的。

在三毛的感情世界里，从来都是主张智慧、勇敢和道德的，她从不纠结，爱情和婚姻是统一的，爱人是唯一的。她不会侵入别人的婚姻，也不允许别人侵入自己的爱情。在关键的时刻，她懂得维护自己的爱情和婚姻：

沙哈拉威的青年女子皮肤往往都是淡色的，脸孔都长得很好看，她们平日在族人面前一定蒙上脸，但是到我们家里来就将面纱拿掉。其中有一个蜜娜，长得非常的甜美，她不但喜欢我，更喜欢荷西，只要荷西在家，她就会打扮得很清洁地来我们家坐着。后来她发觉坐在我们家没有什么意思，就找理由叫荷西去她家。有一天她又来了，站在窗外叫："荷西！荷西！"

我们正在吃饭，我问她："你找荷西什么事？"

她说："我们家的门坏了，要荷西去修。"

荷西一听，放下叉子就想站起来。

"不许去，继续吃饭。"我将我盘子里的菜一倒倒在荷西面前，又是一大盘。这儿的人可以娶四个太太，我可不喜欢四个女人一起来分荷西的薪水袋。蜜娜不走，站在窗前，荷西又看了她一眼。

"不要再看了，当她是海市蜃楼。"我厉声说。

这个美丽的"海市蜃楼"有一天终于结婚了，三毛很高兴，送了她一大块衣料。

这并不是说三毛占有欲很强，常常作河东狮子吼，蜜娜是明目张胆来引诱她的丈夫，她当然要站出来阻止，一个轻浮的沙哈拉威女子，与荷西还没有真正的爱情，而且，也未必会有，这个时候，她不要他出去玩，不要他一失足成千古恨——但是，如果，另一个与自己的丈夫真心相爱的女子出现呢？世间事，总是边走边看，谁也保不定永远，尤其是人心，仿佛流水，流着流着就混成同流了，契约永远约束不了人心，尤其是在现代高呼解除人性束缚甚嚣尘上的社会中。

婚姻毕竟只是一种关系，建立和解除都是双方的事情，我跟你结婚了不是就卖给你了，生是你的人死是你的鬼，三毛口中的“老派”绝对不是这种死板的封建的“老派”，她是一个人情练达的人，讲求公正和透明，所以对于荷西的外遇采取了非常开明的处理方式，她在一篇名叫《如何面对婚外情》的文章里写道：

多年前，我的先生毕业离开我去加纳利群岛回到西班牙本土，去接受19天深海潜水再训练。那是我们相识的第11年，结婚4年。先生邀我同行，我为了省路费，不肯去。在那分别的十数天内，先生每天与我联络，回家后却直接告诉我，他结识了一个女孩子，接近陷入情网，又说：“要不是结了婚……”

我的第一反应相当复杂，个中滋味包括很深的自责。我的行为反应是投入他的怀中，不能说一句话。

三个月以后，我看先生常常黯然，却不再提那个女孩子的名字，我内心的痛楚和歉疚就更深了，因为对方是一位对我丈夫也付出了真情与热爱的好女子。后来我诚恳地问先生，要不要我回台湾一年，请他们两个在生活上相处一阵，如果他们美满，那我就自寻生路。一旦他们因为了解而分开，只要先生的一个电报，我就飞回去，我还是要他。又如果，三个人一同接纳观念，亲爱相处，那就三个人同时下决心做好亲密朋友，家人和爱侣的事实，真诚相待，不分彼此。

先生听见我提出如此的处理方法，哗一下扑上来，抱住我流下了眼泪，当时我也哭了。一年以后，我们坐在阳台上看秋日海水的夕阳，我摸摸先生的头发，问说："还想她吗？"他略有所思地说："那种爱情，属于一霎永恒的完成，难忘。至于说我们之间，生活的恩和情扎得太深，已经天长地久了。"

两年后先生溺水过世，我一个人默默生存。有一天我在家中种菜，院子外面出现了那位女孩子，我滑掉了一包手中的玉米种子，向她奔去。我们两人紧紧拥抱在一起痛哭失声。

后来我先生至爱的朋友，一摄影家要求接纳我，我却将这位好女孩子介绍给他，他们结婚了，得了一个小男孩，取了我先生的名字作为纪念，孩子喊我"中国妈妈"。

这一次，荷西是真的爱了，而三毛看在眼里，以明理和豁达去解决荷西自己解决不了问题。既不自欺也不欺人，在现实面前，我们不能蒙起双眼双耳，爱是无罪的，给它一个宽容的空间，它自会给你一个适宜的答案。三毛说，无论哪一种感情，占有心太强，都是痛苦的泉源。爱毕竟是给予，不是索取，明理的人没有必要让自己和自己所爱的人都陷入万劫不复的痛苦深渊。静观如是，是你的终归是你的，不是你的，留在身边也没有用，何况，细究起来，在这个世界上，本没有真正属于你的东西，更不会有一个人属于任何的另一个人。

对于幸福的观念，以及人生痛苦的表达，三毛是这样说的：

“当一个人，印证了世上存在着的另一个人，与他真诚地相爱，这就是幸福。”

“当一个人，被他视为最亲爱的人欺骗时，人生极大的痛苦之一，于是产生。”

是我的决不会给别人，不是我的，我也不会强求，一切以爱为基础，以是否爱为标准，而不是以一纸婚书（不过这种以爱为名常被某些见异思迁者利用），可见三毛所谓的“老派”在中国是很新潮的，充满了人文自由精神。她不与别人分享男人，无爱的时候坚决拒绝和有爱的时候忍痛离开的作为其实和张爱玲异曲同工，她们都是自尊自爱的聪明人。

三毛不会像民国某女子一样，喜欢让所有的男子都围在自己身边，她的感情是分明的，不给自己惹麻烦，也不伤害别人。她说，“我当心地去关爱他人，这使情感不流于泛滥。”

在撒哈拉时，由于三毛的热情好客，很多朋友都喜欢来她家里玩，其中有一个荷西的同事马诺林每个周末都送名贵的“天堂鸟”给三毛，还都是托荷西带回来，荷西是一个不喜欢探讨人内心的比较粗犷的男人，所以，他只对天堂鸟爱护有加，换淡水，加阿斯匹灵片，切掉渐渐腐烂的茎梗，对马诺林的心理，却没有当心。三毛却有所觉察，打电话给马诺林，说自己要单独见他一面。

马诺林进了这个曾经熟悉后来却绝迹的房屋，低着头，不语。三毛给他一杯冰汽水，严肃地望着他，“说出来吧！心里会舒畅很多。”三毛是切身体会了为爱煎熬的心境的，她宽慰着他，是严肃而不是矫情的。

马诺林确是苦闷极了，他用手抱着头，喃喃地说："我——我——你还不明白吗？"

三毛说："我以前有点觉得，现在才明白了。马诺林，好朋友，你抬起头来啊！"她鼓励他面对，然后才能解决。

"我没有任何企图，我没有抱一点点希望，你不用责怪我。"无望的爱。

面对如此无望的爱，三毛温和且平静地说，"不要再送花了好吗？我受不起。"她明确地告诉他自己受不起，然而她尊重他的爱，尊重他的感情，当马诺林说对不起，请她原谅的时候三毛说："毕竟，你没有侵犯我，你给了一个女人很大的赞美和鼓励，你没有要请求我原谅你的必要——"一切爱皆是神圣的，三毛懂得。她目送着这个受伤的男人离去，他的声音低得好似在无声地哭泣。

粗线条的荷西却从来不知道这件事情，有一天下班提了一大纸盒的书回来，说："马诺林那个怪人，突然辞职走了，公司留他到月底他都不肯，这些书他都送给我们了。"三毛随手拿起一本书来看，居然是一本——《在亚洲的星空下》。她的心里无端地掠过一丝怅然。

以后单身朋友们来，我总特别留意自己的言行。在厨房里的主妇，代替了以前挤在他们中间辩论天南地北话题的主要分子。

"逢场作戏，连儿戏都不如，这种爱情游戏只有天下最无聊的人才会去做。要是真有性情，认真办一次家家酒，才叫好汉烈女。"

她的感情是纯粹洁净的。

追梦人三毛

让青春吹动了你的长发让它牵引你的梦/不知不觉这城市的历史已记取了你的笑容/红红心中蓝蓝的天是个生命的开始/春雨不眠隔夜的你曾空独眠的日子/让流浪的足迹在荒漠里写下永久的回忆/飘去飘来的笔迹是深藏的激情你的心语/前尘红世轮回中谁在声音里徘徊/痴情笑我凡俗的人世终难解的关怀……

这一首曲子，词却有三个版本。《天若有情》《青春无悔》和《雪山飞狐》，上世纪九十年代一起进入我们的记忆。《青春无悔》的主题曲是罗大佑作词，《雪山飞狐》的片尾曲《追梦人》和《青春无悔》一样，只是多了后四句，流浪、沙漠、笔迹，显然是写三毛的，一九九一年三毛过世后，罗大佑为纪念三毛改过这首歌，加了这四句。

三毛舍弃格子楼的安稳，奔向凄艳寂寥的沙漠、残阳横铺的大海，她是一个携带轻逸的灵魂和深沉的热情的追梦人。

我的故乡在远方，所以去流浪。不要问我从哪里来，只知道路在脚下。她永远是一副“在路上”的生命姿态，前世的乡愁便是今生的梦想，一些生活最基本需要，早不缺少，仍旧一追再追，生命里一分一秒，像后弈追着九个太阳，又像哈桑，“为你，千千万万遍。”哈桑是踏实于某一个人某一份感情，三毛是忠实于自己的内心。

听从内心召唤的人，不是成了疯子就成了传奇，三毛成了一个充满奇异色彩的传奇。

一会儿是编着两条麻花辫，麻袋片一样的坎肩，肥大的阔腿长裤，像个吉普赛女郎；一会儿是长发堆肩，头戴大草帽，白色麻布长裙袭了一地，又成了牧羊女；一会儿头发盘成髻，碎花布紧身小袄，颈上围了几大圈贝壳项链，俨然是一印度女巫……波西米亚风光被她发挥得淋漓尽致，成了最后的风景，再也不会有这种切实的装扮，因为那些衣服与她生而俱来。

三毛和一个朋友出去逛街——她每次回台湾都喜欢去逛老街，有一次碰上一个卖抹布的，她把零零碎的布头全买下来，朋友问，你要这么多抹布干什么？她笑而不语，之后，家里便出现了一床漂亮的百纳被。

三毛的声音有一种小女生的羞涩和奔放，又有着孩子气的激情、甜美、稚嫩，微微有些天籁之音，你听上去远远想不到是出自一个48岁的女人之口，而其坚韧、温柔又充满戏剧化和女性的魅力。若只读过她的书的人，再来听她的声音也会觉得不可思议吧。

三毛是一个活泼开朗的女子，她在家里讲故事，姐姐弟弟围成一个圈，听她绘声绘色地讲国外的见闻，姐姐陈田心说她讲故事活灵活现，能把你带到故事里去；拍《滚滚红尘》的时候，三毛把秦汉和林青霞邀请家里去，她讲台词，又表演动作，为了让人家明白她的表达，让两个大明星看着她演戏。

贾平凹说：“三毛不是美女，高个子，披着长发，携了书和笔漫游世界，年轻坚强而又孤独，对于内地年轻人的魅力，任何局外人做任何想象来估价，都不过分。许多年里，到处逢人说三毛，我就是那其中的读者，艺术靠征服而存在，我企羡着三毛这位真正的作家。”

贾的第一句话便是：三毛不美。看来男人真是视觉动物，第一印象便是相貌美丑，接着便说三毛以文抓人，这句更奇怪，难道女人写书都是以样貌抓人的吗？男作家就是作家，女作家非得称为美女作家？评价一个作家为什么要先评价她美不美呢？说到鲁迅沈从文朱自清时，从来没有开口先说他帅不帅啊，看来是对女人的歧视，这些男人的心中仍旧是男权主义。在他的心目中，女人都是因为漂亮的外表才成功的，三毛不漂亮，竟然也成功了，真是奇迹。

三毛是个喜欢沉浸在自我世界里的人，这样的女人心中自有属于她的王子。她看世界的出发点不一样的，她的里面其实不是这么快乐。

她说：“生活比梦想更来得浪漫。如果我们懂得去做一个凡夫俗子的话，那刻骨的滋味也就会为我们大张宴席了。”她与荷西都是朝气蓬勃的孩子，两个人都充满了生活的激情。他们似乎注定不属于人间，而是属于天堂的。张爱玲说，“在这兵荒马乱的时代，个人主义者是无处容身的，可是总有地方容得下一对平凡的夫妻。”在这看似平和的攘攘世间，人性凉薄，却总应该容得下一个小小的三毛吧。是她自己放弃了。

当一个人做出选择的时候，可能跟我们预期的不一样。我们想头发白了再离去就算是完整，好了好了，她放下了。突然就走了，她的亲人到现在都没有释怀，姐姐陈田心说，“时间到了，不管你走的方式是什么——是发生意外呢，还是生病去世，时间到了你就要走。万事万物终有定数。”

三毛也常说：“万物静观皆自得。”这不是没有道理的话，过去，人们生活在山水与田地之间。他们常常抱怨恶劣的天气，会使自己的辛苦白费周折。实际上，谁都没有阻止事物进行变幻的权利。

在磨难中穿行，“爱是人类唯一的救赎。”她爱人，也需要爱。三毛的老师信奉天主教，看管她的阿姨又是佛教徒，而她的父母是基督教，所以三毛什么宗教都喜欢，都接受，但她自己没有入任何宗教，她的宗教就是爱。

一九八三到一九八六年，三毛在新竹五峰乡清泉部落隐居了三年。这里有一座著名的清泉天主堂，山林风光优美，环境清幽，溪水潺潺，她来时第一眼就看中了教堂附近的一片红砖屋，好久没人住过了，一片破落，她却兴奋地说，就是这里了，这就是我想要的啊。她拿出六万块钱给美籍神父丁松清，请他找人修理一下。之后，三毛就住进来，起名为“梦屋”（莫非是她找到了她的梦？）

她在此地翻译神父的《清泉故事》《刹那时光》两本书，都是写清泉岁月中风土民情的文字，三毛伏案笔耕，时而夜半有清风，惊了树鹊。摇摆的枝痕也轻叩着三毛的木门，天上明月，是这样冷得彻骨啊！

然而清晨的微光扫去一切阴霾，三毛从清泉天主堂散步到霞喀罗溪，山空日静，她的心也如谷中泉水涤荡后明澈清澄，一个人站在吊桥上沉思，雾气蒙蒙中，她静静地望着远近重叠的山峦，又似心事重重，这种不向人间住的清高身姿如同一朵停滞在桥上的孤云一般，让人捉摸不定。“一般的快乐往往可以传言，真正深刻的快乐，没有可能使得他人会意。快乐和悲伤都是寂寞。”此时，寂寞的三毛究竟是看山是山，还是看山不是山，或者她心中正念着那本在西班牙还想重读一遍的《小王子》？

晴空一只灰面鹫（过境鸟）飞过，她抬头，这鹫似曾相识啊！

在山民们的眼中，三毛形同天上这只孤独的鹫鸟，此番只是路过。

也许她原本就是一只孤独的飞鸟，无暇栖息。当不必再应对世间纷扰时，她回归了自己孤独的本质。孤独是她创作的源泉，这是一种具有爆发力的品质。三毛曾经在读者回信里说："爱我的朋友，你们知不知心，知不知道我也有一颗心。"大多数人被她外在的作家光环所迷惑，却看不到一颗真实的跳跃的心，一个完整的追求平凡的生命，一个善于重新思考的灵魂。她虽然有很多朋友，但是她不会把自己的孤独和烦恼一味抛给别人。有一次，好友纪正说，"你痛苦的时候可以打电话给我们啊。" 三毛说，"我知道你们都很忙啊。" 索取之前她总是先考量别人，这令人心疼。三毛说，"朋友是五伦之外的一种人际关系，一定要求朋友共生共死的心态，是因为人，没有界定清楚这一个名词的含意。"这句话有些冷，却是真理，我们不能要求朋友与我们同生共死，给便受着，不给也是自然正常不过的事。

从这里也看到三毛自制心很强——

她一生最爱的《红楼梦》，有一段从红楼人物来看三毛的：

三毛并不是一个只会寻求像史湘云般浪漫潇洒又率性的人，更不是一个像贾宝玉般偶尔会放纵自由的人。三毛同时还拥有林黛玉细腻敏感的才情与王熙凤大声大调又颇有能力见识的才干。只不过当她面对真正的内心感情世界时，三毛竟然根深蒂固地在心底藏着一个拘谨保守又固执所爱的薛宝钗。亦即她一直在悄悄地拉锯，用"应对进退得宜"与"喜怒不形于色"的"自制心"，深深压抑着那份自己内心其实澎湃奔放的热情。

所以，我们看三毛不能从一个事件来看，她是有很多侧面的，不能以我们每个人自己的观念来看她，而是应该从三毛自己内在来看，其实她是很复杂的，每个人只看到她的万花筒的一面。

对于三毛，我们的目光不应该放在流星的毁灭上，而是应该看到在众人对着流星许愿时所获得的众多礼物上——她的作品就是她最好的礼物。三毛说，“我希望我的燃烧，在这一生里，能够得到一些结晶，而不是一堆灰烬。”她做到了，三毛永远不会过世，她以记忆和文字的方式重新活在人们心中。

三毛“热”

三毛亦如林黛玉，自卑且自恋。她的自卑让她在爱情上强烈的给予，她是为爱而生的，太需要一种强烈而持续的爱，只要亲人或朋友没有二十四小时围着她转，就是在冷落她。她总是迅速地在人群中找到自己喜欢的人，至于这种喜欢是否只是此情此景下的感觉，是否能持久，她并不在乎；她的自恋又让她陷入十分孤独的境地，她需要一个精神上的爱人，但茫茫人海，竟无一人可做她的灵魂之伴侣。

三毛喜欢过的男人，有着中国传统文人的清高和自卑，脆弱和自闭，他们都是缺乏爱的能力的人，永远爱自己胜过对方，一有不适，马上改弦，面对三毛的热情，面对三毛的光环，面对三毛强大的精神力量，他们唯有躲避，这是中国男人自卑的通病。

所以三毛最后投入荷西的怀抱，因为他是一个简单的外国人，与三毛没有精神上的抵触，但是也因此，没有精神上的共通，他无法进入她的文学世界和她叙述的这种精神状态，这种精神上的距离让三毛对荷西更宽容，更迫近切实的家庭生活。以至于去了撒哈拉的三毛从内心走出来，爱上了琐碎却充满感动的家居日子，她的文字也许确实有幻化的部分，对荷西的描写凝聚了她对自己所喜欢的男人的想象，他成了她所希望是的那个人。越写越爱，越爱越写，较之以前所有不完满的恋爱，跟荷西走的这一段，算得上是她人生中的重彩。所以荷西的死仿佛一种支柱的撤离，对她的打击是巨大的。

她也曾想试着用新恋情覆盖这段记忆，可是遇人不淑（再次被一个已婚男人欺骗），深深的挫败感使她心灰意懒，这些经历也加强了她对荷西的思念，心态愈加悲凉。然而这些坎坷，这些挫折却造就了三毛的传奇，就像被俘的李煜每赋愈工，自身的失败造就了一个文化上成功的三毛。

二十世纪七十年代，台湾社会风气日渐自由，经济开始崛起，人们过上富足的生活，就产生了精神上的需要，三毛恰巧出现，一篇《中国饭店》以其异国风味和朴实趣味吸引了众多读者的眼球，接下来，三毛在撒哈拉沙漠中的爱情故事徐徐展开，这个充满异彩的浪漫女子粉墨登场，成了众人追捧的对象。

尤其是在内地，三毛产生的影响要深远得多。刚刚对外开放的内地在物质上是非常贫瘠的，外界信息一下子涌进来，三毛的异地风情冲击着内地单调贫乏的生活方式，爱情方式，甚至穿衣打扮方式，如久旱甘霖洒将下来，这样的人生！这样的生活！简直是梦境，而梦境最让人向往，三毛这个造梦师以一股强大的力量颠覆了这些年轻读者的价值观和世界观。

她波西米亚的感觉，她异国风情的行程，她自白式的写作，她浪漫又迷醉的爱情，她的所见所闻所感所想都带着一种奇异的风味，一会使人体验着远古时代的神奇和神秘，一会又让人进入现代文明高度发展的冷漠自私冰窖中。那时候，出国还不是一件易事，我们看到的只是一样的四角天空和星星，三毛十九岁只身闯荡欧美，足迹遍及五十九个国家，她把各处见闻、异域风情以五色笔记下来，以一种流浪者形象和波西米亚色彩，对读者构成一种难以言述的吸引力。

有理想，想象力丰富的人都希望可以循着三毛的足迹，追求异样的生活，所以她们编麻花辫，穿宽松的长裙，显得“很有个性”——陈鲁豫就说过自己是三毛的粉丝，波西米亚风格的打扮，在电视台做节目，流浪去美国，又嫁给美国人，都是以三毛为偶像的。

对于上个世纪六七十年代出生的人来说，三毛是他们的青春期的唯一选择，她已经深深地印在这些人心底，虽然现在他们因为青春已逝而不再提及三毛，不再触及自己的年少轻狂，但是如果近距离地观察和剖析这些人的文化心态，仍旧可以发现其中处处潜藏着三毛的蛛丝马迹。正如师永刚所说，“三毛以其特立独行的作品与人格气质，影响了整整一代人的精神生活，我所说的‘三毛作品’不仅仅是指她的文字，还包括她本人的人生经历、精神气质，以及围绕她的各种说法，我们现在说的‘三毛’，已经是一个综合体了。”

弘文馆总编杨文轩记得，大学读三毛时，感觉可望而不可即。三毛笔下的事物就像金庸小说一样，时间和空间一样遥远，但它们可以满足那时年轻人内心的空虚和迷茫。“那个年代没有什么可娱乐的东西，阅读成了我们主要的娱乐方式。男生基本读金庸，女生读三毛，但在我印象中，有很多男生也喜欢三毛。”

《中国图书商报》的记者王丽琼在《三毛——一个不老的传说》一文中分析了三毛笔下故事的魅力。当代散文在三毛之前，我们很少读到那么浪漫，那么叛逆，那么浓情又那么异国情调的文字。“三毛做出了一种欲飞的姿势，情感的大开大合与罕见的生命张力，吸引了很多人。

三毛作品传达了一种介乎于现代和传统之间的选择矛盾，尤其表现为她躲避城市又不得不逃回城市最终被城市消灭这样一段过程。这一经历与现代人群的心境不谋而合。”

《读者文摘》编辑刘英坤上大学时读过三毛作品。她回忆说，“那个时候，大学女生宿舍每个人一个蚊帐，一个屋子六个女生不去上课，每个人都是一包瓜子，一本三毛。宿舍里特别静，只听见嗑瓜子的声音，读得特别投入。我开始每天晚上编粗辫子睡觉，因为第二天起床会拥有像她一样的长卷发；我偷偷绞掉自己的齐刘海儿，因为可以像三毛一样露出轮廓分明的五官；我试着央求妈妈给我做长长的大摆裙，因为三毛经常穿它们；我开始喜欢在脖子上手上叮咚作响地挂很多廉价的民族首饰；因为我觉得这样可以更靠近那个女人一些……”

豆瓣网友说：“三毛的书有种魔力，能让人静静地看完，而且回味无穷。羡慕三毛荷西那种爱情，有自己的爱人陪着，做自己喜欢的事，这已经很幸福了。我们这些天天为了房子车子票子奋斗的人很难体会到那种爱情。大四的时候在博客里接触到一个女生，文章写得很美，慢慢地接触，发现她身上有种三毛的气质，非常喜欢，于是追到手。向往着自己也能有三毛般的爱情。毕业后，在这个大染缸中迷失了自己的本色，变得世故、庸俗、现实。爱情经不起现实的考验，结果嘛可想而知。不过三毛的书一直没断过，她的书是治愈的良药，良药却不苦口。”

附一：三毛语录

这个世界上真正的坏坯子就如我们中国人讲的“龙”一样，可大可小，可隐可现，你是捉不住他们，也关不住他们的。

荷西，他的书籍大致都是平原大野、深海、星空的介绍，他不喜欢探讨人内心的问题，他也看，但总是说人生的面相不应那么去分析的。

想来你也听过一个老故事：一个小女孩因为没有鞋子穿而哭泣，直到她看见一个没有腿的人。

对于他人的生活，我们充其量只是一份暗示、一种鼓励、启发，还有真诚的关爱。这些态度，可能因而丰富了他人的生活，但这没有可能发展为——代办他人的生命。我们当不起完全为另一个生命而活——即使他人给予这份权利。

过分为己，是为自私自利。完全舍我，也是虐待了一个生灵——自己。

我很少开口求人，这使我自由。

我哭，因为我爱。

遇到不能解决的事情，去问孩子，孩子脱口而出的意见往往就是最精确而实际的答案。

真正的爱情绝对是天使的化身，一段孽缘，不过是魔鬼的玩笑。

燃烧一个人的灵魂，正是对生命的爱，那是至死方休。

哀愁的人，给他们安慰，饥饿的人，给他们食物，而我所能做的，为什么总只是后者?

万水千山走遍中的世上的欢乐幸福，总结起来只有几种，而千行的眼泪，却有千种不同的疼痛，那打不开的泪结，只有交给时间去解。

世间最平和的快乐就是静观天地与人世慢慢地品味出它的和谐。

伤心没有可能一次偿还，它是被迫地分期付款。即使人有本钱，在这件事上，也没有办法快速结账。

一个朋友很好，两个朋友就多了一点，三个朋友就未免太多了。

希望我的天空是一片永恒的蓝色，只是一片！有时候我们要对自己残忍一点，不能纵容自己的伤心失望；有时候我们要对自己深爱的人残忍一点，将对他们的爱，记忆，搁置。

那份夏末初秋的绿，仍然如春日一般的寂寞。红和绿，在我，都是寂寞的颜色，只因那份鲜艳往往人们对它总也漠然。

世上的生命，大半朝生暮死，而蝴蝶也是朝生暮死的东西，可依然为着它的色彩目眩神迷，觉着生命所有的神秘与极美已在蜕变中彰显了全部的答案。

爱情不是我永恒的等待，只等待，等待时间给我一切的答案。

我们一生复杂，一生追求，总觉得幸福遥不可企及。不知那朵花啊，那粒小小的沙子，便在你的窗台上。

我心中有一个不变的信仰，它是什么，我也不很清楚，但我不会放弃这在冥冥之中引导我的力量，直到有一天我离开尘世，回返永恒的地方。

锁上我的记忆，锁上我的忧虑，永远不再想你。我已不再想你，怎么能想你？只剩我搁浅的心，在千年的孤影里。

远方有多远？请你，请你告诉我，到天涯海角，算不算远？问一问你的心，只要它答应，没有地方，是到不了的那么远。

因为我明白了爱，而我的爱有多深，我的牵挂和不舍便有多长。

爱到底是什么东西，为什么那么辛酸那么苦痛，只要还能握住它，到死还是不肯放弃，到死也是甘心。

不要去看那个伤口，它有一天会结疤的，疤痕不褪，可它不会再痛。

人之所以悲伤，是因为我们留不住岁月；而更无法面对的是有一日，青春，就这样消逝过去。

尘归于尘，土归于土，我，归于我们！

请相信上天的旨意，发生在这世界上的事情没有一样是出于偶然，终有一天这一切都会有一个解释。

附二：三毛人生年表

1943年，3月26日，出生于重庆，浙江省舟山市定海区人，取名为陈懋平。

1946年，因为觉得“懋”字麻烦，三毛就把它去掉，改名陈平。

1948年，随父母迁居中国台湾，入台北“国民”小学读书。

1954年，入台北省立女子中学学习。

1955年，初二，受墨汁涂面打击，以及为看小说开始逃学。后休学在家。

1956年，一度复学，后正式退学。开始练习写作、音乐、绘画，切腕自杀获救。

1962年，以陈平名义在《现代文学》发表第一篇作品《惑》 。

1964年，得到文化大学创办人张其昀的特许，到该校哲学系当旁听生，课业成绩优异。初恋。

1967年，初恋失败，赴西班牙马德里文哲学院留学。圣诞初结识荷西。

1968年，与荷西分别。漫游巴黎、慕尼黑等欧洲各地。

1971年，返回中国台湾，任教于文化大学和政工干校。

1972年，与一德裔男子相恋，结婚前夕，未婚夫心脏病突发猝死。冬，再赴西班牙，重遇荷西。

1974年，进入撒哈拉沙漠。

1974年，4月，与荷西在沙漠小镇阿尤恩结婚。

1974年，10月6日，以笔名“三毛”在《联合报》发表作品《中国饭店》。

1976年，夫妇移居大加纳利岛。5月，由皇冠出版社出版《撒哈拉的故事》。

1979年，随荷西到拉芭玛岛生活。9月30日，荷西在海底进行水下工程操作（荷西是水下工程师）时意外丧生。回到台湾。

1980年，5月，重返西班牙和加纳利，开始孀居生活。

1981年，11月，开始中南美之行。

1982年，10月，返回中国台湾任教文化大学中文系文艺组。游记《万水千山走遍》出版。

1984年，赴美度假治病。

1985年，一度丧失记忆，神经错乱。

1986年，10月，正式回到台北定居，被台湾多份报刊评为最受读者喜爱的作家。

1988年，6月12日，给“三毛爸爸”张乐平写第一封信。

1989年，4月，曾回内地探亲；同年开始创作电影剧本《滚滚红尘》。

1990年，4月，三毛参加一个台湾的旅行团，赴敦煌、吐鲁番游览。当到乌鲁木齐时，她离队找到王洛宾。《滚滚红尘》获金马奖八项大奖。

1991年 1月2日，因子宫内膜肥厚入“荣民”总医院检查治疗。一月三日，进行手术。一月四日凌晨，在医院以肉色丝袜绕颈窒息身亡。终年四十八岁。

附三：参考书目

《三毛：万水千山》湖南师范大学出版社　刘兰芳

《三毛：1943-1991》作家出版社　帅永刚

《三毛传奇》广东人民出版社　张瑞德　陈爱璞

《三毛的最后一封信》长江文艺出版社　眭澔平

《三毛情史》时代文艺出版社　练琳